ALFRED HITCHCOCK

Irren ist mörderisch
KRIMI-KNÜLLER BAND 7

Schneider-
Buch

Inhalt

Der Dieb

Die Sonne fiel auf die große Palme im Innenhof von nebenan. Mit halbgeöffneten Augen beobachtete Victor Fiala das Spiel des hellen Lichts in den Palmenzweigen, dann schweifte sein Blick herüber zum Avocadobaum über seinem Kopf, dessen dunkelgrüne Blätter Schatten und Kühle spendeten. Wahrlich ein paradiesisch ruhiger Fleck; hier konnte man die Hektik des Alltags abstreifen.

Unverwandt blickte Fiala nach oben, erleichtert atmete er durch. Zu Hause sein und ausruhen zu können – wie gut ihm das tat! Noch ein Seufzer, seine Augen wurden immer kleiner. Als er schon fast am Einschlafen war, gab er sich doch noch einen Ruck.

„José!" rief er.

Seine Stimme hallte durch den Hof, aber niemand rührte sich. Jeder muß eben für sich selbst sorgen, dachte er und wollte aufstehen. Das war jedoch zuviel verlangt... Er sank zurück, und bald fielen ihm die Augen zu. Warum hatte er nach José gerufen? Warum nur? Das helle Licht wurde schwächer, die Geräusche leiser..., jetzt aber kamen Schritte näher, von ganz weit her hörte er sie. Du kommst zu spät, sagte er zu sich selbst, ohne zu wissen, warum. Die Schritte wurden lauter. Seine Augen öffneten sich einen Spalt weit. Er sah seinen Enkel über den schattigen Hof auf sich zukommen, mit sorgenvoller Miene, die Stirn in Falten gezogen, so als habe er die Probleme der ganzen Welt auf seinen schmalen Schultern mit sich herumzutragen. Aber nein, das war ja der José aus seinem Traum – nicht der wirkliche José... Fiala schloß die Augen.

„Großvater!"

Fiala sprang auf. Vor ihm stand José mit einem kühlen Bier.

„Na, endlich kommst du. Wo warst du, hast du geschlafen?"

„Nein, du hast geschlafen", antwortete José und gab ihm das Bier.

Fiala lachte und nahm einen Schluck. In diesem Moment klopfte es an der Haustür. Er setzte die Flasche ab und schaute seinen Enkel mißmutig an. „Schau mal nach, wer es ist."

José rannte los, machte die Tür auf und kam mit einem Nachbarn zurück.

„Telefon, Victor", sagte der Mann.

„Wirklich? Na, und wenn schon! Heute bin ich nicht zu sprechen... Wie wär's mit einem frischen Bier, Arturo?"

„Danke dir. Aber willst du nicht erst mal ans Telefon? Es

ist die Polizeizentrale."

„Ich habe heute frei", sagte Fiala, „bin also für die Zentrale nicht zu sprechen."

„Auch nicht für Lopez?"

Fiala richtete sich auf. „Der Chef ist am Apparat?"

„So ist es. Er wartet."

Da muß etwas passiert sein, etwas Ernstes, dachte Fiala und erhob sich von seinem Sessel. „Paß ein bißchen auf den Jungen auf", bat er Arturo. „Er soll nicht auf den Baum klettern."

Wenig später nahm er in Arturos Haus den Hörer in die Hand. „Hallo, hier Fiala."

„Das wird aber Zeit", ließ Lopez sich vernehmen. „Wieso gehen Sie nicht ans Telefon?"

„Es funktioniert im Moment nicht."

„Sie haben wohl die Rechnung nicht bezahlt."

„Die bezahle ich immer, und zwar pünktlich", gab Fiala zurück.

„Na gut, ich rufe an, weil ich eine Bitte an Sie habe."

„Was gibt es denn?" fragte Fiala ahnungsvoll.

„Ich habe eine Sonderaufgabe für Sie."

„Heute?"

„Ja, ich weiß, Sie haben heute frei", wurde Lopez frostig, „aber es muß heute sein."

„Und kein anderer kann die Sache übernehmen?" Die Antwort darauf kannte er schon.

„Nein. Ich bin in meinem Büro. Kann ich mit Ihnen rechnen?"

„Ja." Die Antwort kam zögernd, kaum hörbar, und als Lopez aufgelegt hatte, schmiß Fiala den Hörer hin und ereiferte sich: „Kann ich mit Ihnen rechnen? Raffiniert gesagt! Lopez, der Zungenfertige."

„Schlechte Nachrichten?" fragte Arturo, als Fiala in den Hof zurückkam.

„Eine Sonderaufgabe, und das an meinem freien Tag."

„Das muß ein schwieriger Fall sein."

„Schwierig oder nicht, andere haben heute Dienst, doch Lopez möchte ausgerechnet mich haben, und zwar gleich."

Fiala schüttelte den Kopf. Da stand die Flasche Bier, die ihm sein Enkel gebracht hatte. „Stell sie wieder in den Kühlschrank, es würde mir jetzt doch nicht schmecken. Lopez hat wieder mal zugeschlagen."

„Reg dich nicht auf", tröstete ihn Arturo. „Das hilft dir jetzt auch nicht weiter."

„Stimmt schon... Es ist einfach zu heiß", murmelte Fiala und ging ins Haus. Als er wieder herauskam, hatte er das Jackett über dem Arm und ein Bier in der Hand. „Ich glaube, das sollte ich mir doch noch zu Gemüte führen." Er blinzelte Arturo an.

Kurz darauf stieg er vor dem Polizeigebäude aus dem Auto und betrat den Lichthof. Auf der Treppe stieß er fast mit einem Kollegen zusammen, der mißmutig dreinblickte. „Wenn du zum Chef willst, überleg es dir noch mal. Der ist vielleicht geladen... Man müßte ihn festbinden."

„Wann ist der mal nicht geladen", erwiderte Fiala und ging weiter. Vor der Tür zu Lopez' Zimmer hielt er kurz an, klopfte sachte, und schon wurde die Tür aufgerissen. Normalerweise war Lopez totenblaß im Gesicht; jetzt aber war es gerötet, und seine Augen funkelten zornig. Er sah aus, als würde er gleich in die Luft gehen.

„Ah, Sie sind's", sagte Lopez leise. „Kommen Sie rein."

Fiala trat ein. Lopez ging ans Fenster, starrte auf die Straße hinunter und murmelte irgend etwas vor sich hin. Schließlich drehte er sich um, ging zu seinem Schreibtisch und fing an: „Stellen Sie sich vor, was passiert ist!" Er schlug mit der Faust auf die glänzende Schreibtischplatte.

Fiala zuckte mit den Achseln. „Was denn? Ich habe nicht die geringste Ahnung."

„So, so. Warum stehen Sie noch, setzen Sie sich doch hin."

O je, ganz schön dicke Luft, dachte Fiala und setzte sich. Zu gern hätte er sich eine Zigarette angesteckt, aber er verkniff es sich. Lopez hämmerte wieder auf den Schreibtisch. „Hören Sie mal zu, Victor", stieß er hervor. „Hören Sie mir mal genau zu! Welche Stellung habe ich hier in Montes?"

Fiala fuhr sich mit dem Handrücken über das Kinn und blickte gespannt zu Lopez hinüber. Er ist wirklich in schlechter Verfassung, dachte er und beantwortete die Frage: „Sie sind der Polizeichef."

„Ist das eine wichtige Position?"

„Klar."

„Und die Menschen schätzen mich?"

„Gewiß."

„Und sie erwarten doch von mir, daß ich ihre Stadt von Verbrechen frei halte. Stimmt's?"

Fiala nickte. Was hatte das alles nur zu bedeuten?

„Was glauben Sie", fuhr Lopez fort, „würden die Leute davon halten, wenn ein Dieb in mein Haus eindringt und sich mit meinem Tafelsilber davonmacht?"

Fiala traute seinen Ohren nicht. Diebstahl bei Lopez! Es war ihm nach Lachen zumute; er riß sich jedoch zusammen. „Man hat Ihnen das Tafelsilber geklaut?" sagte er lediglich.

„Jawohl, das Beste vom Besten."

„Schrecklich", meinte Fiala, der immer noch das Lachen unterdrücken mußte.

„Sie verstehen hoffentlich, was das bedeutet", fuhr Lopez fort. „Wenn das einmal bekannt wird, dann lacht doch die ganze Stadt über mich."

Sie brüllt vor Lachen! dachte Fiala.

„Und das ist der Grund, warum ich Sie rief. Ich möchte das Tafelsilber zurück und den Dieb dazu! Sie werden von allen anderen Aufgaben entbunden, Victor, bis Sie diesen Fall gelöst haben. Und noch eins: Die Geschichte bleibt unter uns."

Fiala nickte. „Selbstverständlich. Nur eine Frage: Haben Sie einen Ihrer Hausangestellten im Verdacht?"

„Nein. Die sind schon zu lange bei mir."

„Haben Sie irgendeine Erklärung für den Diebstahl?"

12

„Eben nicht. Das quält mich ja gerade. Oh, wenn ich verdammt nur wüßte, wer es war..."

Nachdenklich erhob sich Fiala. Er sah seltsame Probleme auf sich zukommen. Tafelsilber... Wer sollte das bei Lopez stehlen, und wohin brachte er es? „Außer dem Silber fehlt nichts?" fragte er.

„Das ist das Sonderbare. Sowohl Geld als auch die Juwelen meiner Frau lagen herum, sie wurden nicht angerührt."

Wirklich merkwürdig, dachte Fiala. „Ich werde mich bemühen", sagte er noch zu Lopez, „aber..."

„Was aber?"

„Oh, nichts." Fiala ging zur Tür und verließ das Haus. Sogar im Schatten der Arkaden war es heiß, aber auf dem Gehsteig und dem kleinen Marktplatz brannte die Sonne geradezu unerbittlich. Kein Mensch weit und breit. Kaum je lag der Platz so verlassen da. Fiala blinzelte zum Restaurant *Blue Diamond* hinüber. Fast widerwillig verließ er den Schatten der Arkaden und ging über den Platz zum Restaurant. Da war es auch nicht kühler.

„Heiß, was!" meinte der Mann an der Kasse.

Fiala nickte bloß und bestellte einen Kaffee, dann blickte er über die leeren Tische. Als der Kaffee gebracht wurde, fragte er die Bedienung: „Ist Domingo hier gewesen?"

„Nein, kein Mensch war hier. Ich habe Domingo nicht gesehen."

Fiala nahm einen Schluck Kaffee. Das gestohlene Tafelsilber ging ihm nicht aus dem Kopf. Kein Hausangestellter würde so etwas machen, und die Profis würden sich hüten, es anzurühren. Ein Außenseiter? Wohl kaum, denn er hätte das Geld und die Juwelen nicht liegengelassen. Wieso sollte jemand das Tafelsilber mitnehmen, Geld und Juwelen aber nicht?

„Wenn ich darauf eine Antwort wüßte", seufzte er und trank seinen Kaffee aus. Dann ging er zur Tür. Die gleißende Sonne, die das Grün auf dem leeren Marktplatz verdorren ließ, empfing ihn. Alles lag still und verlassen da. Er mußte an die kühle Luft in seinem Hof denken und schüttelte den Kopf. Wenn er nur dort sein könnte...

Ein heißes Lüftchen brachte seine Gedanken auf den Boden der Wirklichkeit zurück. Er trat auf den Gehsteig hinaus. Ein paar Straßenecken weiter ging er in ein anderes Restaurant und erkundigte sich nach Domingo. Auch hier war er nicht gewesen. Enttäuscht schlenderte er zum Marktplatz zurück und ließ sich auf der schattigsten Bank nieder, die er finden konnte.

Kaum fünf Minuten darauf setzte sich Domingo neben ihn. „Sie haben mich gesucht, Señor?"

Fiala nickte und sah Domingo in die Augen. Er machte einen nervösen Eindruck, doch das war eigentlich immer so. „Ich brauche Informationen über ein wertvolles Tafelsilber. Was weißt du?"

„Ich?" Domingo tippte fragend auf seinen schmalen Brustkorb. „Davon weiß ich nichts."

„Dann frag deine Freunde, ob die was wissen."

„Tafelsilber? So etwas würden die nicht anrühren, bestimmt nicht, Señor."

„Du klingst sehr sicher."

„Ich bin auch sicher. Meine Freunde wissen genau, wie schwer dieses Zeug loszuschlagen wäre."

Domingos Beteuerungen waren ihm etwas zu heftig. Wußte er etwas? „Also du hast nichts davon gehört!" fragte Fiala noch einmal.

„Wirklich nicht." Domingo zuckte mit den Achseln. „Falls ich etwas höre..."

„Ich habe den Eindruck, du hast schon etwas gehört."

„Nein, bestimmt nicht, Señor!"

„Doch, mein Lieber. Du bist mir zu unruhig. Wovor hast du Angst?"

Schweigen. Domingo starrte auf den leeren Marktplatz, sein Gesicht hatte einen gequälten Ausdruck. Dann redete er.

„Zunächst einmal", begann er, „habe ich mit der Sache nichts zu tun – ich habe lediglich davon gehört."

„Das klingt schon besser", sagte Fiala. „Nun sag noch, was du gehört hast."

„Das Silber wurde beim Polizeichef gestohlen."

„Richtig."

„Deshalb wollte es niemand anrühren. Nur ein Verrückter würde das tun."

„So ist es. Aber nun hat es eben jemand gestohlen, und dessen Namen brauche ich."

„Ich kenne ihn nicht, Señor."

„Du lügst. Du weißt es, aber du hast vor irgend etwas Angst und willst deshalb nicht mit der Sprache heraus."

„Nein, Señor."

„Langsam verliere ich die Geduld. Du schützt jemand, und das wirst du noch bereuen."

„Also gut. Sie werden es nicht für möglich halten, es war..." Er wurde ganz leise, als er den Namen des Diebes aussprach.

Fiala war verblüfft. „Nein, das kann nicht sein! Der hat es nicht getan."

„Er hat es getan, Señor. Nun wissen Sie es also."

„Warum sollte er das Tafelsilber stehlen? Ich verstehe das nicht."

„Er hat gespielt und dabei verloren. Er mußte seine Schulden zurückzahlen."

„Eine hübsche Geschichte."

„Glauben Sie mir etwa nicht?"

„Meine Zweifel habe ich da schon."

Domingo zuckte mit den Schultern. „Es war so, wie ich es Ihnen erzählt habe."

Fiala schüttelte den Kopf. „Es klingt unglaublich! Und was passiert, wenn es bekannt wird? Nicht auszudenken!"

„Sie verstehen, warum keiner von uns das Silber haben wollte", meinte Domingo.

„Lopez aber will es, und den Kopf des Diebes dazu."

„Da brauchen Sie bloß zu warten, bis er herausbekommen hat, wer es genommen hat."

„Soweit darf es gar nicht kommen!"

„Wieso nicht?"

„Weil Lopez ihn wahrscheinlich umbringen würde."

„Für mich wäre das jedenfalls kein Beinbruch."

„Nein, nein, seinen Namen kann ich nicht herausrücken."

„Dann halten Sie still und lassen Gras über die Sache wachsen."

„Geht nicht – ich muß etwas unternehmen."

„Gut, dann lassen Sie sich halt etwas einfallen."

„So einfach ist das nicht. Wenn ich die Wahrheit sage, ist damit nichts gewonnen. Es würden bloß neue Probleme entstehen."

„Was auch immer Sie unternehmen, lassen Sie mich aus dem Spiel", sagte Domingo noch und wollte weggehen. Doch Fiala hielt ihn fest.

„Das Tafelsilber, wo ist es?"

„Das weiß ich nicht, müssen Sie selbst herausbekommen."

„Nein, du wirst es tun, und zwar als interessierter Käufer."

„Ich? Nicht für eine Million Pesos würde ich das Zeug in die Hand nehmen."

„Du stellst die Verbindung her", sagte Fiala und überhörte einfach, was Domingo gesagt hatte. „Sobald du sie hast, gibst du mir Bescheid."

„Das Ganze gefällt mir überhaupt nicht", jammerte Domingo.

„Denkst du, mir? Wir hängen beide in der Sache drin,

also an die Arbeit!"

Domingo stand auf und ging. Fünf Minuten darauf erhob sich auch Fiala und schlenderte zu seinem Auto.

Aus dem *Black Cat* drang leise Musik nach draußen. Nur zwei Kunden saßen da, als Fiala hereinkam. Er nickte ihnen zu und setzte sich an die Bar, wo der Besitzer vor sich hin döste.

„Pancho."

„Tag, Victor. War das eine Nacht! Mir zerreißt es fast den Schädel."

„Und was für ein Tag für mich", klagte Fiala. „In dieser Hitze muß ich arbeiten."

„Was darf es sein? Ein kleines?" Pancho holte Flasche und Glas und stellte sie auf die Bar. „Sie haben Sorgen", sagte er.

„Und ob! Lopez hat mir ein hartes Ding aufgebrummt."

„Manchmal, Victor, denke ich für mich, er mag Sie nicht."

„Er mag nicht einmal sich selbst", erwiderte Fiala und kippte den Inhalt der kleinen Flasche in sein Glas. Dann setzte er sich an einen Tisch in einer dunklen Ecke. „Entschuldige mich, Pancho, ich muß mir ein paar Dinge durch den Kopf gehen lassen."

„Bitte, natürlich, Victor."

Das Bier war kühl, die Farbe goldbraun. Fiala trank und schob das Glas weg. Bis Domingo zurückkommt, konnten Stunden vergehen. Inzwischen konnte er sich auf eine schwierige Transaktion vorbereiten. Wenn es gutging,

18

war alles in Ordnung. Wenn nicht, dann . . . dann bin ich geliefert, dachte er.

Nach zwei Stunden stand er auf. „Ich gehe", sagte er zu Pancho. „Falls jemand nach mir fragt, ich bin zu Hause."

Im Innenhof war es dunkel. Fiala saß unter seinem Avocadobaum und mußte immer wieder den Kopf schütteln. Es war schon spät, und von Domingo kein Lebenszeichen. Um neun Uhr brachte ihm sein Enkel etwas zu essen und eine Flasche Bier. Um zehn fragte seine Tochter, ob er nicht ins Bett gehen wolle. Aber er winkte ab.

Ruhig ging sie ins Haus zurück, während er weiter wartete. Es war schon nach Mitternacht, da hörte er ein Klopfen an der Haustür. Er erhob sich schnell und machte auf. Ein dunkelhäutiger Junge gab ihm einen Zettel. Während er ihn überflog, sagte er schon: „Komm, wir gehen, steig ein."

Am Rande der Stadt, in der Nähe eines ausgetrockneten Flußbettes, kamen sie in eine düstere Gegend. Unheilvolle Stille lag in der Luft. Sie fuhren durch leere Straßen, vorbei an Ziegelhäusern. Viele waren unbewohnt und schon ganz, andere halb zerfallen. Der Wagen fuhr langsam, der Junge hielt Ausschau. Plötzlich zeigte er auf ein Haus. „Da ist es, Señor."

Der Wagen fuhr weiter, bog um die nächste Ecke und hielt. „Danke dir. Am besten gehst du heim und legst dich schlafen", sagte Fiala und drückte dem Jungen einen Fünfpesoschein in die Hand.

Der Junge rannte los und war bald in der Dunkelheit verschwunden.

Fiala stieg aus und musterte das Haus, das ihm der Junge gezeigt hatte. Es sah verlassen aus. Doch schon nach zehn Minuten ging die Tür auf. Ein Mann kam heraus, dann noch einer. Ihre Stimmen hallten durch die Straße. Sie stritten sich heftig. Doch bald waren sie so weit weg, daß man sie nicht mehr hören konnte.

Am nächsten Morgen.

Lopez dreht sich rasch auf seinem Stuhl um, es hatte geklopft. „Herein!" schnauzte er. Seine Stimmung war seit gestern nicht besser geworden. Das spürte Fiala gleich, als er hereinkam.

„Nun, was gibt es Neues?"

Lopez' Stimme knirschte förmlich. Fiala schreckte zurück. Schlimm genug, daß wieder so ein heißer Tag bevorstand – und dann noch die üble Laune des Chefs. Fiala hob die Hand. „Es ist alles geklärt, ich habe das Tafelsilber."

„Und der Dieb?"

„Ist leider entkommen."

Lopez' Kiefer bewegte sich, doch einige Sekunden lang brachte er kein Wort heraus. „Wie ist das möglich?" wollte er schließlich wissen.

Fiala holte tief Luft, dann begann er: „Folgendes hat sich abgespielt. Ich nahm Verbindung zu einem Hehler auf, der von dem Tafelsilber wußte. Zuerst wollte er nicht reden, doch ich brachte ihn dazu. Er schickte mich zu einem zweiten Hehler; dieser Bursche war gesprächiger. Über einen dritten Mann organisierte er ein Treffen mit dem Dieb. Das fand dann in einem verlassenen Haus statt. Mein Mittelsmann besah sich das Silber, kaufte es aber nicht und ging weg. Als er weg war, ging ich hinein." An dieser Stelle zuckte Fiala bedauernd mit den Achseln. „Dummerweise stand die Hintertür offen, der Dieb konnte blitzschnell verschwinden."

„Schlimm, Victor, schlimm."

„Ich weiß, aber Sie haben Ihr Silber wieder."

Lopez nickte und griff zur Zigarrenkiste auf seinem Schreibtisch. „Nehmen Sie sich eine", sagte er, „und genehmigen Sie sich zwei freie Tage."

Wenig später war Fiala schon daheim und saß wieder unter dem Avocadobaum. Es war immer noch sehr heiß. Über der Stadt lag drückende Hitze, in seinem Hof jedoch war es kühl. Gemächlich wickelte er die Zigarre aus, die Lopez ihm geschenkt hatte, und steckte sie sich an. Dann rief er nach seinem Enkel, weil er ein Bier haben wollte. Es kam jedoch seine Tochter und brachte ihm eins.

„Was feierst du eigentlich?" fragte sie ihn, als sie die Zigarre sah.

„Ach, nichts Besonderes", antwortete er mit einem Lächeln. Er dachte nämlich gerade an das Kunststück, das er fertiggebracht hatte: Das Tafelsilber, das Lopez' Sohn geklaut hatte, um seine Spielschulden damit zu begleichen, hatte er einfach zurückgestohlen.

So ein Zufall!

Banty hatte eine Menge Verstand, aber kein Glück. Das war sein Problem. Man sollte meinen, daß dieser Bursche es doch zu etwas bringen müßte, mit dem vielen Verstand unter dem schwarzen Kraushaar, doch ihm fehlte einfach das Glück. Man kann gescheit sein, gut aussehen und so weiter, aber was nützt einem das alles? Wenn nicht ab und zu ein wenig Glück dazukommt, erreicht man nie das Ziel.

Man braucht zum Beispiel nur an den „Drilling" zu denken, den Banty beim Pokern in Kansas City auf der Hand hatte – eine Karte, die man nur mit dem größten Glück bekommt. Wer nur ein bißchen Verstand hat, würde doch selbst die Rente seiner Großmutter darauf setzen. Und jetzt kommt's: Was im ersten Moment wie Glück aussieht, ist eine Minute darauf schon das größte Unglück; dann nämlich, wenn man mit dem „Drilling" dasitzt, und der Bursche einem gegenüber eine „große Straße" auf der Hand hat. Um die Sache vollends schlimm zu machen, braucht man bloß für den Drilling Geld

22

einsetzen, das man gar nicht auf dem Tisch oder sonstwo liegen hat, und dazu jemanden wie Archie Flower mit der „großen Straße" als Gegenüber haben. So was kann nur Banty passieren.

Ich selbst war nicht dabei. Banty erzählte es mir. Zwei Tage hatte ich ihn nicht mehr gesehen, ging daher zu ihm rauf, um nachzusehen, ob er überhaupt noch existierte. Unrasiert saß er da, getrunken hatte er auch. Wenn die Flasche nicht leer gewesen wäre oder er Geld für eine neue gehabt hätte, dann hätte er bestimmt noch immer getrunken.

„Hallo, Banty, was ist los mit dir? Du siehst gar nicht gut aus."

„Aussehen, Dummkopf, komm mir nicht damit, wie ich aussehe!"

Daß ich dumm sei, sagte er oft zu mir. Manchmal störte mich das auch, obwohl es ja stimmte; eine große Affäre machte ich aber nie daraus, wir waren ja schließlich seit langem gute Kumpel. Genauso lang wartete ich schon an Bantys Seite auf das große Glück, das er bei all seinem Verstand brauchte, denn unter Umständen würde auch für mich etwas dabei abfallen. Auch diesmal sagte ich nichts, und bald darauf fing er an, mir die Geschichte vom Poker zu erzählen, bei dem er mit dem Drilling eine Menge Geld verloren hatte.

„Wieviel hast du verloren?" fragte ich.

„Dreitausend."

„Wo hast du die bloß herbekommen?"

„Ich hatte sie eben nicht! Und das hat mir ganz schön Kummer bereitet."

„Das heißt, du schuldest Archie Flower drei Tausender?"

„Abzüglich der fünfhundert, die auf dem Tisch lagen."

„Es bleiben also zweieinhalbtausend."

„Du bist wahrlich ein Genie – du kannst sogar rechnen mit deinem Kopf, Carny."

„Ich verstehe gut, daß du nervös geworden bist. Welche Frist hat dir Archie gegeben?"

„Ich hab Zeit bis morgen früh, und das ist nicht mehr lange. Hast du Geld zur Hand?"

„Nicht in dieser Größenordnung, das weißt du, Banty."

„Ich meine nicht das Geld, um damit Archie auszubezahlen, sondern so viel, daß ich damit aus der Stadt verschwinden kann."

„Es reicht bestimmt nicht, um dich weit genug wegzubringen."

„Wieviel hast du?"

„Etwa hundert, vielleicht etwas weniger."

„Das ist besser als gar nichts. Nichts wie weg hier! Ich muß Gras über die Sache wachsen lassen und ein paar Ideen entwickeln, und das geht schlecht, wenn man mit gebrochenem Schädel oder mit diversen anderen Knochenbrüchen im Krankenhaus liegt. Und wenn man auf einer Marmorplatte im Leichenhaus ruht, dann fällt einem garantiert gar nichts mehr ein."

„Wohin geht die Reise?"

„Ich wollte zu Onkel Oakleys alter Farm in den Süden fahren."

„Wer ist Onkel Oakley?"

„Nicht ist – war! Er ist tot. Unten in den Bergen hatte er eine Farm, etwa zweihundert Meilen südlich von hier. Er hinterließ sie meinem Neffen Theodore, doch der lebt nicht dort; verkaufen kann er sie auch nicht, denn außer einer Hütte und ein paar Hektar Steinen ist nichts da. Aber da niemand dort wohnt, ist es ein guter Unterschlupf, bis ich etwas Besseres gefunden habe."

„Kannst du mir vielleicht noch sagen, wie du die zweieinhalb Riesen auf deiner Steinwüste erwirtschaften willst?"

„Abwarten. Ich mache die Denkarbeit, das, was du nicht kannst. Onkel Oakleys Farm ist auf jeden Fall sicher, das ist momentan das Entscheidende. Ich habe mich dazu entschlossen, und wir werden jetzt gleich losfahren."

„Wir? hast du gesagt, *wir?*"

„Natürlich wir. Erwartest du von mir, daß ich in die Berge verdufte, ohne einen Partner für wenigstens einen zweihändigen Poker dabeizuhaben? Außerdem wird es dort Arbeit geben, da kannst du dich nützlich machen."

„Verdammt noch mal, Banty, ich will nicht zu dieser Onkel-Farm runterfahren."

„Natürlich fährst du!"

„Nein, niemals, kein Wort mehr davon!"

„Gut, Carny. Wir waren lange genug Freunde. Ich dachte, wir seien es für alle Zeiten, aber da habe ich mich wohl geirrt. Wenn du nicht gehst, dann gehst du nicht, und ich auch nicht. Ich hoffe, daß ich dich nie wieder sehe. Geh jetzt und komm nie mehr zurück, du brauchst auch gar nicht zu meinem Begräbnis kommen, wenn mich Archie morgen umlegt, weil ich ihm die zweieinhalbtausend nicht bezahlen kann."

Nun, was für ein Gefühl hat man da und was soll man tun, wenn ein Kumpel solche Töne von sich gibt? Da kommt man sich doch wie der letzte Schurke vor, und man macht alles, was er von einem erwartet, um ihm damit aus der Patsche zu helfen. Genauso ging es mir auch. Banty packte rasch einige Sachen zusammen, dann gingen wir rüber zu mir und packten dort. Und schon saßen wir in Bantys alter 56er-Kiste und fuhren gen Süden zu Onkel Oakleys Farm. Während der Fahrt durch die Stadt zählte ich mein Geld: es waren 98,63 Dollar. Banty nahm es an sich und steckte es in seine Tasche. Er würde mir Cent für Cent zurückbezahlen, obwohl davon ja auch mein Essen, die Zigaretten und so weiter bezahlt würden; außerdem stelle er das Auto für die Reise. Das war echt Banty. Geld saß bei ihm locker, und er wußte, wie man mit einem Kumpel umspringt.

Wir ließen die Stadt hinter uns und fuhren auf der Autobahn nach Süden. Bald hielten wir an einer Tankstelle, denn wir brauchten Sprit. Neben der Tankstelle war ein kleines Restaurant, ein Schnellimbiß für die Fernfahrer. Da kam es Banty, daß er ziemlich lange von einer Bourbon-Diät gelebt hatte; und als der Bourbon alle war, war er notgedrungen auf Null-Diät umgeschwenkt. Er

hatte nach dem Pokerspiel nämlich keinen Cent mehr . . .
Also gingen wir rein und verzehrten Hamburger, Apfel-
kuchen und Kaffee. Als wir nach etwa einer halben Stunde
herauskamen, war unsere Klapperkiste verschwunden;
der Tankwart hatte sie aus der Einfahrt weg auf einen
Parkplatz gefahren. Da stand sie, zwischen der Tankstelle
und einer Art Autobahn-Nachtclub, wahrhaftig kein billi-
ger Schuppen. Er war aus grauem Stein und Glasblöcken
gebaut, eine gestutzte Hecke drum herum. Eine Menge
Grünpflanzen in Steintöpfen säumten die Zufahrt von der
Autobahn aus. Als jemand herauskam, hörte ich ein paar
Sekunden lang die Musik – eine Combo spielte klassischen
Jazz. Banty und ich wären gern auf ein paar Drinks
hineingegangen, aber wir hatten weder Zeit noch Geld.
Daher stiegen wir ein und setzten unsere Fahrt zur Farm
von Onkel Oakley fort.

Wir kamen rasch voran. Nach etwa einer Stunde schlief
ich ein . . . Als ich nach einer guten Weile aufwachte,
hatten wir bestimmt schon die Hälfte, also hundert Meilen, zurückgelegt. Banty rauchte und summte einen Schla-
ger vor sich hin. Eine Zeitlang hörte ich ihm zu, die
Melodie kam mir bekannt vor. Dabei ging mir die ganze
Zeit etwas durch den Kopf: War da nicht noch ein
Geräusch außer dem Motor, dem Wind und Bantys
Summen? Ich konnte aber nicht dahinterkommen, was es
war. Vielleicht existierte es auch nur in meiner Phantasie.
Ich überlegte hin und her, spitzte die Ohren, versuchte
herauszufinden, woher es kam, bis ich auf einmal das

Gefühl hatte, Schnarchlaute vom Rücksitz her zu hören. Klingt sehr unwahrscheinlich, aber es war so. Ich drehte mich also um, da ich sichergehen wollte, und siehe da – es waren Schnarchlaute, und sie stammten von einem Mädchen!

„Banty", sagte ich, „was ist das für ein Mädchen auf dem Rücksitz? Kennst du sie?"

„Was ist denn mit dir los? Bist du verrückt geworden?"

„Ehrlich, da sitzt ein Mädchen hinten drin, und wenn du hinhörst, dann merkst du, daß sie schnarcht."

Nun spitzte auch Banty eine Weile die Ohren, hielt schließlich den Wagen an und hörte dann noch ein paar Sekunden lang genau hin. Erst dann drehte er sich langsam um und schaute sich den Rücksitz an. Ich hatte plötzlich das Gefühl, ich sehe und höre Dinge, die gar nicht da sind, so unbeteiligt schien er. Dann aber fluchte er leise vor sich hin und fuhr sich über die Nase, eine Bewegung, die er immer machte, wenn er vor einem Rätsel stand. Da war auch mir klar, daß sie tatsächlich da war, und daß Banty sie gesehen hatte.

„Weck sie auf und wirf sie raus", sagte er.

Das war genau das Richtige für mich, denn ich gebe gerne zu, daß ich vor fremden Frauen, die plötzlich und unerwünscht irgendwo auftauchen, gehörigen Respekt habe. Ich langte also über die Lehne meines Sitzes nach hinten und schüttelte sie ein bißchen. Sie drehte sich aber nur ein wenig auf die Seite, gab einen wimmernden Ton von sich und zog ihre Knie an, die sie wie ein schlafendes

Kind mit den Armen umfaßte.

Ich schüttelte sie noch einmal, diesmal stärker, und sagte: „Los, los, du verrücktes Weibsstück, mach daß du hier wegkommst!" Da wurde sie gleich hellwach und richtete sich mit einem Ruck auf. Sie gähnte, rieb sich die Augen und fuhr sich durch ihre kurzen zerzausten Haare.

„Wo bin ich?" fragte sie.

„Auf dem Rücksicht meines Autos, wo denn sonst?" antwortete Banty.

„Stimmt das wirklich? Auf dem Rücksitz Ihres Wagens?"

„So ist es, und ich würde liebend gern wissen, wie du da reingekommen bist."

Sie blickte uns mit großen Augen an. Erschreckt, verwirrt oder so etwas Ähnliches schien sie aber nicht zu sein. Sie lächelte sogar ein wenig und schien das Ganze für einen netten Scherz zu halten, einen Streich, den sie jemand gespielt hatte. Ich fand das gar nicht lustig. Immerhin war sie – das war vielleicht unser aller Glück – ziemlich hübsch. Hätte sie doch bloß ihr Kleid zurechtgezogen! Es war eines der Gewänder, die immer nach oben rutschen.

„Leider kann ich Ihre Frage nicht genau beantworten", meinte sie. „Wahrscheinlich bin ich aus den *Roman Gardens* gekommen, in Ihr Auto gekrochen und einfach eingeschlafen. Etwas anderes kann ich mir nicht vorstellen."

„Was ist das, die *Roman Gardens?*" fragte Banty. „Ist es

das Haus oberhalb der Autobahn mit den vielen Hecken und Pflanzen drumherum?"

„Ja, genau. Es ist ein Nachtclub; ich war mit meinem Freund Tommy dort. Ich habe eine Reihe von Martinis getrunken, Tommy auch. Da kam er auf dumme Gedanken, und wegen der Martinis wuchs mir die Sache über den Kopf. Ich konnte mich nicht so gut wehren wie sonst. Ich erinnere mich, daß ich dann in die Toilette ging und anschließend nach draußen, um an der frischen Luft einen klaren Kopf zu bekommen. Vom Martini war ich leicht benommen, deswegen wollte ich mich ein wenig hinsetzen, bis es besser wurde. Ein Rücksitz schien mir da genau das Richtige zu sein. Also setzte ich mich irgendwo rein, wo es mir gefiel – und das war wohl gerade Ihr Wagen. Es wäre ja alles gutgegangen, wenn ich dann nicht auch noch eingeschlafen wäre. So war das, und nun sitze ich hier."

„Hier sitzt du jetzt, und dorthin verschwindest du, nämlich zurück zu deinem Tommy", sagte Banty barsch.

„Wie weit sind wir weg?"

„Etwa hundert Meilen."

„Dann seien Sie doch bitte vernünftig. Ein Mädchen kann doch bei Nacht und mit hohen Absätzen wohl kaum hundert Meilen marschieren, oder?"

„Das ist dein Problem, Mädchen. Ich hab dich nicht dazu eingeladen, in mein Auto zu klettern und dort zu schlafen."

„Können Sie sich deswegen nicht trotzdem wie ein Gentleman verhalten? Was passiert ist, ist passiert, so bedauerlich das sein mag. Bringen Sie mich doch einfach dahin zurück, wo Sie mich fanden."

„Hier genau fanden wir dich, und bis hierher nehmen wir dich auch mit."

Sie blickte Banty mit einem seltsamen Lächeln an, so als wäre sie nach wie vor davon überzeugt, jemandem einen guten Streich gespielt zu haben.

„Ich verspreche Ihnen, daß Sie mich nicht umsonst zurückfahren müssen", sagte sie.

„Wieviel?"

„Tausend Dollar."

„Nun übertreib mal nicht. Wo sollte ein Flittchen wie du einen Tausender herbekommen?"

„Sie werden sich noch wundern. Bringen Sie mich zurück, dann bekommen Sie das Geld."

„Ich will es sehen."

„Werden Sie doch vernünftig, Mann! Besonders intelligent sind Sie wohl nicht – das Geld habe ich natürlich nicht bei mir."

„Du hast es nirgends. Ich bin vielleicht nicht allzu hell, aber hell genug, um zu erkennen, wann so eine wie du eine faustdicke Lüge losläßt. Außerdem brauche ich gerade dringend dreitausend und würde es auf keinen Fall darunter machen."

„Gut, dann eben dreitausend. Mir macht das nichts aus, es ist ja nicht mein Geld."

„So. Wessen Geld dann?"

„Meines Vaters, natürlich."

„Da haben wir es! Dein Alter ist Millionär, nicht?"

„Ja, das stimmt."

„Wie heißt er?"

„Sein Name ist Arnold Gotlot, und ich bin Felicia Gotlot. Wir wohnen Gotlot Place 1. Das ist eine Privatstraße, die meinem Vater gehört, weshalb sie auch seinen Namen trägt. Unser Haus ist das einzige an dieser Straße."

Wenn das gelogen war, dann machte sie es jedenfalls sehr geschickt. Sie sprach ganz locker, so als hätte sie die Geschichte schon oft erzählt. Und den alten Mann hatte sie auch gut gewählt, denn Arnold Gotlot war tatsächlich Millionär, das wußte jedes Kind. Viel mehr war über ihn allerdings nicht bekannt, weil er ein zurückgezogen lebender alter Kerl war, über den kaum etwas herauszubekommen war.

Banty hatte wieder angefangen, sich an der Nase zu zupfen. Die beiden blickten sich immer noch prüfend an, so als würden sie sich gegenseitig abschätzen. Ich stand natürlich auf Bantys Seite, was immer sich entwickeln würde. Allerdings war mir nicht wohl bei der Sache. Ich ahnte, daß ich auf den Falschen setzte.

„Ich bin der Meinung", sagte Banty schließlich, „daß du lügst."

„Und ich bin der Meinung, daß Sie ein Narr sind."

„Verschwinde!"

„Wenn ich's mache, werden Sie es bereuen."

„Umgekehrt, es wird dir leid tun, wenn du es nicht tust", erwiderte Banty.

„Menschenraub ist ein schweres Vergehen", fing sie an. „Da gibt es doch ein Bundesgesetz. Stecken sie einen dafür nicht in die Gaskammer?"

Nun kam es aber ganz dick! Als würde sie einem Kind etwas ganz Einfaches erklären. Ich fühlte mich, als hätte ich mit dem Baseballschläger eins in die Magengrube bekommen. Auch Banty erschrak sichtlich. Er ließ seine Nase wieder in Ruhe und kämpfte darum, die Ruhe zu bewahren und nicht zu zeigen, wie überrascht und beunruhigt er plötzlich war.

„Was soll das bedeuten, Menschenraub? Wer hat hier jemanden geraubt?"

„Das kommt darauf an, ob Sie mich nach Kansas City zurückbringen", antwortete sie. „Wenn nicht, dann bin ich entführt worden."

„Glaubst du im Ernst, daß du mit dieser Geschichte weiterkommst? Hast du uns nicht vorhin erzählt, daß du dich im Rausch auf den Rücksitz gelegt hast?"

„Ja, das habe ich Ihnen erzählt. Was ich meinem Vater und der Polizei zu berichten habe, dürfte aber ganz anders lauten."

„Banty", sagte ich dazwischen, „die Sache gefällt mir nicht. Komm, wir bringen sie zurück, dann ist der Fall ausgestanden."

„Moment, Moment, ich denke nach." Banty zupfte nun wieder an seiner Nase herum und starrte wie gebannt auf Felicia Gotlot. Offensichtlich wälzte er schwierige Gedanken, oder er hatte einen Einfall gehabt. „Langsam glaube ich unserem Fräulein. Das ist wirklich Felicia Gotlot. Schau mal das Kleid an; macht zwar nicht viel her, aber ich wette, daß es wenigstens drei- bis vierhundert Dollar gekostet hat. Oder sieh dir das Armband an. Das sind echte Diamanten, davon versteh ich was. Und dann der Pelz, sieht wie Nerz aus. Ja, ich bin sicher, es ist einer. "

Er redete zunächst ganz ruhig, doch je weiter er mit seiner Bestandsaufnahme kam, desto mehr veränderte sich seine Stimme. Er sprach nicht schneller oder lauter, nein, aber eine gewisse Erregung war zu spüren. Nach seiner Aufzählung war es geraume Zeit ruhig. Er blickte Felicia noch immer an, doch die Erregung war längst nicht gewichen. Plötzlich fuhr Banty in die rechte Tasche seines Mantels – ich nahm an, er würde sich eine Zigarette holen –, zog einen 38er Colt heraus und richtete ihn über die Lehne seines Sitzes auf Felicia Gotlot.

„Komm nach vorne", sagte er. „Steig nicht aus; kriech hier durch. "

„Banty, was ist in dich gefahren?" fragte ich ihn.

„Red kein dummes Zeug. Sie will eine Entführung, und sie kann sie haben, aber eine echte." Er war so erregt, daß seine Stimme ein wenig bebte. Die Pistole hielt er allerdings sehr ruhig. „Mensch, Carny, das ist der große Durchbruch, auf den ich immer gewartet habe. Auf Pech folgt Glück; es ist uns soeben zugefallen! Ein reiches kleines Flittchen im Martinirausch, das ist ein Wink des Schicksals oder was Ähnliches. Da kann man doch nicht nein sagen. Einer, der so was täte, der hätte sein Lebtag kein Glück mehr."

Ich erschrak ganz schön, als ich ihn so reden hörte. Er schien richtig verzaubert zu sein, und er meinte es ernst, Wort für Wort. Das wußte ich genauso gut wie Felicia Gotlot.

„Ich möchte mich da raushalten", sagte ich.

„Was du möchtest, ist ganz uninteressant. Du steckst mit drin, ob du willst oder nicht. Wir haben jetzt eine richtige Entführung, und du bist genauso daran beteiligt wie ich! Ich geb dir den Rat, das Spiel mitzuspielen, Carny; es geht um viel. Fünfhundert Riesen – oder die Kammer... Eine halbe Million, Carny, vergiß das nicht! Für Gotlot ist das eine Kleinigkeit. Vielleicht können wir sogar eine ganze Million herausholen, mal sehen."

Es hatte wenig Sinn, mit ihm zu diskutieren, denn er war in einer Stimmung, in der er vernünftigen Argumenten nicht zugänglich war. Das schien auch Felicia Gotlot bemerkt zu haben; ohne Widerrede kam sie nach vorne und setzte sich zwischen Banty und mich. Ich mußte den 38er halten.

„Wenn sie sich rührt, ziehst du ihr damit eine über", befahl mir Banty.

Und so fuhren wir weiter zu dem steinigen Grundstück im Süden, das Onkel Oakley seinem Neffen Theodore vermacht hatte.

Fast hätten wir es in der Dunkelheit gar nicht gefunden, denn es lag weitab von der Autobahn, an einem kleinen

Kiesweg in den Bergen. Nachdem wir etliche Male falsch abgebogen, beziehungsweise in Sackgassen gelandet waren, kamen wir schließlich an. Wozu der ganze Aufwand? Außer einer Blockhütte mit drei Bäumen, die genauso verwittert aussah wie die Steine daneben, war nichts da. Immerhin stießen wir noch auf ein gutes Fischgewässer, zu dem Theodore, der Neffe, ab und zu herauskam, um zu angeln. Daher war die Hütte mit Wäsche, Decken und Küchengerät sowie mit einer Menge Konserven ausgestattet.

Gas oder Strom gab es nicht, nur Kerosinlampen und zum Kochen einen Küchenherd. Banty mußte schon mal dagewesen sein, denn er fand sofort ein wenig Kerosin und brachte ein paar Lampen zum Brennen. Ich hatte Felicia Gotlot zu bewachen, was mir unsinnig vorkam. Ich konnte mir nämlich nicht vorstellen, wohin sie in dieser bergigen Gegend hätte gehen können. Außerdem machte sie auch gar nicht den Eindruck, als würde sie an Flucht denken.

Einer der drei Räume diente als Schlafzimmer. Dort standen ein Bett, ein Schrank und ein Spiegel; das wurde Felicia Gotlots Zimmer.

Es war nicht abzuschließen. Wir wollten das Problem dadurch lösen, daß wir sie an Händen und Füßen fesselten.

„Es ist nicht nötig, mich zu fesseln", protestierte sie. „Wohin sollte ich denn gehen? Ich wüßte gar nicht, in welche Richtung ich mich wenden sollte."

„Wir binden dich trotzdem fest. Sicher ist sicher",
meinte Banty. „Es wird dir bestimmt nicht weh tun, und
lange wird es auch nicht dauern, denn die Sache ist ganz
schön heiß, und ich möchte sie so schnell wie möglich
hinter mich bringen."

Da zog sie die Schuhe aus und legte sich aufs Bett. Wir
rissen ein Bettuch in Streifen und fesselten sie damit an
Händen und Füßen. Dann banden wir sie an beiden Enden
des Bettes fest. Sie hatte genug Spielraum, um sich etwas
bewegen zu können. Aufsitzen und mit den Händen die
Füße erreichen, konnte sie allerdings nicht. Banty ging
hinaus und machte in der Küche Feuer, um Kaffee zu
kochen. Ich setzte mich gemütlich hin und dachte nach.
Irgendwie fühlte ich mich nicht wohl bei dem Gedanken,
daß wir sie wie ein Tier hier festgebunden hatten. Zugegeben, ich bewunderte sie sogar, hatte Achtung vor ihr und
war im Grunde dagegen, daß wir sie so behandelten. Man
mußte einfach Respekt vor ihr haben. Trotz der Entführung und dem ganzen Drumherum hatte sie den Mut nicht
verloren; sie weinte nicht, und sie blieb ruhig. Sie wußte
genau, daß sie den Fehler gemacht hatte, zuviel zu reden.
Warum hatte sie nur Banty gesagt, wer sie war, nachdem
sie schon betrunken in sein Auto geklettert und dort
eingeschlafen war? Sie war sich wohl ihres Fehlers bewußt
und blieb daher ruhig und vorsichtig.

„Willst du Kaffee?" fragte ich.

„Nein."

„Dann schlaf gut", sagte ich.

„Hau ab!" erwiderte sie nur.

Ich ging in die Küche hinaus und setzte mich zu Banty. Wir tranken Kaffee.

„Wenn du den Kaffee getrunken hast, legst du dich am besten auch hin, denn wenn ich morgen früh weggehe, kommst du wohl nicht mehr zum Schlafen."

„Wohin gehst du?"

„Nach Kansas City, um das Geld zu holen. Die halbe Million. Ich will es bei der halben bewenden lassen."

Für mich hatte er auch mit der halben Million ganz schön hoch gereizt, aber ich sagte nichts. „Du mußt dich auch schlafen legen", meinte ich nur.

„Ich werde mich in Kansas City ein paar Stunden hinlegen. Dann ruf ich den alten Gotlot an und handle die Geldübergabe aus."

„Was machst du, wenn er nicht bezahlt?"

„Natürlich bezahlt er! Wenn er es nicht tut, erzähle ich ihm, daß wir sein wertes Töchterlein umbringen werden."

„Und wenn er dann immer noch nicht zahlt?"

„Dann bringen wir sie um."

„Hoffentlich bezahlt er", sagte ich und nahm einen Schluck Kaffee. Ich wollte, es wäre Whisky gewesen. „Und danach?"

„Ich komme mit dem Geld hierher zurück, und wir fahren zusammen Richtung Süden."

„Und was machen wir mit Felicia?"

„Wir lassen sie hier zurück, ans Bett gefesselt. Wenn wir weg sind, schicken wir der Polizei einen Brief, in dem wir ihren Aufenthaltsort bekanntgeben. Sie wird zwar Hunger und Durst bekommen, aber sonst wird ihr nichts passieren."

„Moment mal. Wir müssen mit dem Brief warten, bis wir ein Stück nach Süden gefahren sind. Außerdem kann man doch am Stempel ablesen, wohin wir verschwunden sind."

„Da zeigt sich wieder mal der Unterschied zwischen dir und mir, Carny. Du bist dumm und ich nicht. Wir schicken den Brief vom nächsten Ort aus ab, und zwar nach New York oder Los Angeles. Die müssen dann erst anrufen; das kostet viel Zeit, und wir sind dann schon über alle Berge. Kein Mensch wird wissen, wohin wir gegangen sind."

„Gut gemacht", sagte ich darauf, „das hast du dir gründlich überlegt."

„Ich war schon immer ein Denker. Nur das Glück hat mir bisher noch gefehlt."

„Bei dem Gedanken, daß Felicia Gotlot so lange ans Bett gefesselt werden soll, fühle ich mich, ehrlich gesagt, alles andere als wohl", erwiderte ich.

„Du mußt immer an die Viertelmillion denken."

„Wann wirst du wohl zurück sein?"

„In spätestens vierzig bis fünfzig Stunden. Ich arbeite schnell."

„Das ist 'ne Menge Geld; hätte nie gedacht, mal so viel zu haben."

„Leg dich jetzt hin", meinte er nur.

„Ich versuchte es, konnte aber nicht schlafen. Ich legte

mich auf das Ledersofa im Wohnzimmer und schloß die Augen, doch vor meinem inneren Auge tauchten Dinge auf, die ich nicht sehen wollte. Banty hatte doch noch nie Glück gehabt – warum sollte er es ausgerechnet diesmal haben, wo wir es am dringendsten brauchten? Es dauerte mindestens zwei Stunden, bis ich endlich einschlief, und da mußte ich auch schon fast wieder aufstehen. Banty weckte mich, er war schon am Gehen. Draußen war es noch gar nicht hell, aber man spürte, daß der Morgen heraufdämmerte.

„Ich bin soweit", sagte Banty.

„Viel Glück!"

„Laß das Mädchen nicht aus den Augen. Sie ist raffiniert."

„Da kannst du sicher sein, es passiert nichts."

„Ich muß mich auf dich verlassen können."

Er ging. Ich hörte noch, wie er seine Kiste anwarf und den Kiesweg hinunter Richtung Autobahn fuhr. Das Motorengeräusch wurde immer schwächer, und bald war nichts mehr zu hören. Ich ging in die Küche, zündete eine Kerosinlampe an, legte Holz in den Herd und machte Feuer. Banty hatte am Abend den Wasserkübel gefüllt, so daß ich Kaffee kochen konnte. Dann suchte ich nach etwas Eßbarem fürs Frühstück. Brot, Milch, Eier und Butter gab es natürlich nicht, aber ich fand Mehl für Pfannkuchen und Dosenmilch. Daraus machte ich Teig und warf ein paar Pfannkuchen in die Pfanne. Die sahen ganz ordentlich aus, und auch der Kaffee war inzwischen fertig. Ich ging zu Felicia Gotlot. Sie lag wach da.

„Gut geschlafen?" fragte ich sie.

„Natürlich, ausgezeichnet. Es ist so angenehm, an sein Bett gefesselt zu sein, daß ich in Zukunft immer so schlafen werde."

„Willst du etwas frühstücken?"

„Wenn es Kaffee gibt, dann hätte ich gern was davon."

„Ja, es gibt Kaffee. Wenn du dich gut benimmst, binde ich dich los, dann kannst du mit in die Küche kommen."

„Mein Benehmen wird mir ohnehin diktiert. Ihr Verhalten dagegen beunruhigt mich."

„Keine Angst, ich werde dir schon nichts tun."

Ich band sie los. Mit kräftigem Schwung stellte sie sich auf die Beine und rückte sich den Rock zurecht, der über Nacht nach oben gerutscht war. Sie rieb sich die Handgelenke und dann die Fußgelenke, schließlich ging sie vor mir her in die Küche. Ich goß den Kaffee ein und teilte die Pfannkuchen auf. In einem Schränkchen hatte ich zwei Blechteller gefunden.

„Ich würde mich gern ein bißchen waschen", sagte sie.

„Bitte. In dem Kübel hier ist Wasser."

„Wo kommt das her? Ist hier ein Brunnen oder so was?"

„Kein Brunnen, aber eine Quelle. Überall gibt es hier Quellen. Quellen und Höhlen."

„Wie kommt es, daß Sie sich so genau auskennen?"

„Ich bin hier in der Nähe geboren."

„Wirklich? Ich dachte schon, Sie wären einer Billardkugel irgendwo in Kansas City entschlüpft."

„Was soll denn das heißen?"

„Ach, nichts."

Sie wusch sich mit dem kalten Wasser und trocknete sich mit einem Handtuch ab, das an einem Nagel hing. Dann kämmte sie sich die kurzen Haare mit den Fingern, da sie nichts anderes hatte. Wir setzten uns hin, tranken Kaffee und aßen die Pfannkuchen. Sie schien hungrig zu sein, was kein Wunder war. Sie nahm auch in Kauf, daß wir keine Butter für Pfannkuchen, keinen Zucker und keine Kaffeesahne hatten. Das Mädchen machte auf mich einen guten Eindruck. Außerdem war sie das hübscheste Kind, das ich je um mich hatte, und das, obwohl sie von der unruhigen Nacht noch ganz zerknittert war.

Ich hatte wieder das unbehagliche Gefühl von einst, wenn ich als Junge ein Mädchen kennengelernt habe. Da fühlt man sich angezogen, müßte aber wissen, daß es nichts bringt, und das macht einen halb verrückt. Und jetzt? Ich riß mich zusammen, doch ich ertappte mich bei dem Wunsch, daß sie nicht Felicia Gotlot, sondern ein anderes Mädchen wäre. Und ich, ein Bursche namens Carny, wollte in eine andere Haut schlüpfen. Vielleicht konnte sich zwischen uns etwas anderes abspielen als das, was jetzt geschah? Hoffentlich würde Banty schnell aus Kansas City zurückkommen. Ich nahm mir vor, inzwischen weniger über das Mädchen und mehr über das Geld nachzudenken, das ich ganz für mich allein in Händen halten würde.

Draußen war es hell geworden, und als wir mit unserem

Frühstück fertig waren, war es auch in der Hütte hell. Ich blies die Kerosinlampe aus. Wir spülten Teller und Pfanne ab und gingen ins Wohnzimmer. Ein langer Tag stand uns bevor. Das Warten auf Banty, immer in Sorge um ihn: Wo war er? Was machte er jetzt gerade? Wie lange würde er noch bleiben? Warum war er nur so früh aufgebrochen? Was sollte ich bloß mit Felicia Gotlot tun an diesem endlosen Tag?

Ich würde sie bis zum Abend nicht mehr festbinden, es sei denn, sie versuchte mich zu täuschen. Als ich ihr das mitteilte, bedankte sie sich sogar bei mir. Ganz schön sarkastisch.

„Ich habe immer noch den 38er in der Tasche", bemerkte ich warnend.

„Ja, ich weiß."

„Glaub ja nicht, daß ich keinen Gebrauch davon machen würde, wenn du mich dazu zwingst."

„Würden Sie das wirklich tun?"

Sie blätterte in ein paar alten Zeitschriften, die herumlagen. Ich rauchte und sah ihr eine Weile zu. Dann holte ich mir eine Tasse Kaffee, auch sie wollte noch eine. Ich setzte mich wieder und trank den Kaffee; sie trank ihren auch. Dabei schaute sie mich mit diesem seltsamen Gesichtsausdruck ständig an.

„Was starrst du mich die ganze Zeit an?" fragte ich sie. „Schluß damit jetzt!"

„Wieso?"

„Ich mag das nicht."

„Wissen Sie, ich habe gerade darüber nachgedacht, wie Sie wohl ausgesehen haben, als Sie als Kind in den Bergen hier lebten."

„Ich war immer dreckig, zerlumpt und dumm."

„Hier muß es doch ganz lustig gewesen sein."

„Und ob! Mein Alter war ein Trunkenbold und meine gute Alte eine verlotterte Säuferin."

„Deswegen sind Sie wohl von zu Hause weg?"

„Das war ein Grund."

„Und was noch?"

„Ich wollte einfach weg von diesen Steinen und irgendwie zu etwas Geld kommen."

„Und – ging das gut?"

„Ich bin ganz zufrieden."

„Und jetzt wollen Sie den großen Coup landen, stimmt's? Nun möchten Sie auf einen Schlag eine Viertelmillion Dollar einheimsen."

„Richtig."

„Eben nicht richtig, sondern falsch, was Sie da machen."

„Abwarten."

„Glauben Sie im Ernst, daß dieser Mann, den Sie Banty nennen, in der Lage ist, ein solches Ding zu drehen?"

„Sicher. Banty ist auf Draht."

„Ich hab da meine Zweifel! Er ist ein Schwächling, hat nichts im Kopf. Er ist nichts als ein bißchen Kraushaar auf einem Nichts."

„Du kennst ihn eben nicht."

„Dazu brauche ich ihn nicht zu kennen. Ich muß ihn nur

44

anschauen und ihm zuhören, dann weiß ich Bescheid. Er wird Sie bestimmt hereinlegen, und ihr beide werdet im Gefängnis landen, vielleicht sogar in der Gaskammer."

„Schluß jetzt! Wenn du nichts Vernünftiges zu sagen hast, halt den Mund!"

„Das wäre Ihnen wohl recht, was? Ich rate Ihnen eins: Steigen Sie aus der Sache aus, solange es noch geht – am besten gleich jetzt."

„Das würde dir so gefallen."

„Mir ist es im Grund egal. Ich finde es nur schlecht, daß Sie sich immer weiter hineinreiten. Banty ist doch ein Pechvogel."

„Gleich feßle ich dich wieder ans Bett und laß dich liegen."

„Tun Sie, was Sie nicht lassen können", sagte sie.

Sie zuckte mit den Achseln und blätterte wieder in den alten Zeitschriften. Meine Gedanken kehrten zu Banty zurück. Ich versuchte mir auszumalen, wann er wahrscheinlich zurück sein würde.

Er hatte mir natürlich keinen Zeitplan geben können. Den hat er erst in Kansas City ausgetüftelt. Voraussichtlich würde er heute abend Verbindung zu Arnold Gotlot aufnehmen, vielleicht auch schon am Nachmittag, weil die Sache ja eilte. Außerdem hatte er sicher keine Lust, Archie Flower oder einem seiner Jungs über den Weg zu laufen. Er würde Gotlot mitteilen, daß er Felicia entführt habe, und daß er eine halbe Million Lösegeld bereitzustellen habe, wenn er sie lebend zurückhaben wolle. Dann würde er auflegen und Gotlot Bedenkzeit geben. Später würde er von einem anderen Telefon aus wieder anrufen und die Übergabebedingungen aushandeln. Wie das genau aussehen würde, konnte ich mir nicht recht vorstellen. Doch Banty hatte sich das bestimmt reiflich überlegt! Es würde jedenfalls sehr bald sein, ganz sicher morgen abend. Das hieße, daß Banty spätestens übermorgen früh zurück sein kann, wohl zwischen Mitternacht und Tagesanbruch…

Es wurde der erwartete lange und zudem schlechte Tag. Ich dachte, er würde kein Ende nehmen. Mittags aßen wir eine Konserve, am Abend noch eine. Dazwischen ging Felicia zu einem Mittagsschläfchen in ihr Zimmer. Auch ich wurde allmählich müde, immerhin lagen eine schwere Nacht und ein langer Tag hinter mir. Einzuschlafen getraute ich mich nicht, ich mußte Felicia Gotlot bewachen. Sie könnte ja weglaufen und mir vorher noch einen Schlag auf den Kopf versetzen, ja, sie könnte mich mit meinem eigenen 38er erschießen, bevor sie abhaute. Ich befahl ihr, die Tür zum Schlafzimmer offenzulassen, damit ich sie von meinem Stuhl aus sehen konnte. Dann spielte ich ein Solo mit Karten, die ich gefunden hatte.

Kaum war es dunkel, da wurde ich so müde, daß ich mich nicht länger auf den Beinen halten konnte. Ich sagte ihr, daß ich ins Bett ginge, und daß sie auch gehen müsse.

„Wollen Sie mich wieder ans Bett fesseln?“

„Ja.“

„Und wenn ich Ihnen verspreche, nichts zu tun, was Sie nicht erlauben?“

„Trotzdem.“

„Ganz doof, wie ich dachte, sind Sie doch nicht.“

„Allerdings bin ich nicht so dumm, alles zu glauben.“

„Im Lügen bin ich ein Meister, ich bin ein großes Lügnertalent.“

„Das glaube ich gern.“

Ich fesselte sie wie zuvor. Sie wehrte sich nicht dagegen und versuchte auch nicht mehr, mich zu beschwatzen. Sie lag ruhig da und hatte wieder ihr seltsames Lächeln auf den Lippen.

„Laß es dir gutgehen“, sagte ich.

„Sie sind gescheiter als ich dachte, aber immer noch ganz schön doof.“

„Du wirst bestimmt deine Meinung noch ändern.“

„Wieso sind Sie eigentlich so sicher, daß Banty zurückkommt?“

„Natürlich kommt er – warum auch nicht?“

„Ganz einfach: Eine halbe Million ist doppelt soviel wie eine Viertelmillion. Und ich sehe keinen Grund, warum er statt nach Süden nicht genausogut nach Westen, Norden oder Osten abhauen sollte.“

Danach schloß sie die Augen, lächelte aber immer noch. Ihre Worte gingen mir nicht so schnell aus dem Kopf, ich konnte deswegen gar nicht einschlafen, obwohl ich hundemüde war. Also stand ich auf und rauchte. Bald mußte ich aufhören, weil ich nur noch eine halbe Schachtel hatte, die reichen mußte, bis Banty zurückkam – falls er überhaupt zurückkam . . . Eine Ewigkeit saß ich einfach da und redete mir immer wieder ein, daß Banty zurückkommen mußte. Ich schloß die Augen... und sah, wie Banty wegfährt, nicht nach Süden, sondern in eine andere Richtung. Lange nach Mitternacht legte ich mich endlich schlafen, und sofort träumte ich wieder dieselbe Geschichte. Das Ganze war ein schmutziger Trick von Felicia Gotlot, die mich nur irre machen wollte. Hoffentlich schlief sie genauso schlecht wie ich! Als ich sie am Morgen fragte, meinte sie, sie habe gut geschlafen.

Ich ließ sie noch eine Weile gefesselt im Bett liegen. Zum Kaffeetrinken durfte sie aufstehen. Geredet wurde nur das Nötigste; es herrschte ziemlich dicke Luft zwischen uns. Nachdem wir noch mal eine Konserve verzehrt hatten, eröffnete sie mir, daß sie die Nase voll habe, immer nur im Haus herumzusitzen. Sie wolle einen Spaziergang machen.

„Das geht nicht", meinte ich.

„Warum denn nicht? Was ist denn schon dabei, wenn wir auf den Berg da rauf- und wieder runterspazieren?"

„Also gut. "

Es war mir ganz recht so, ich wollte selbst ein bißchen herumspazieren. Wir gingen in einem Bogen zum Berggipfel hinauf. Es machte Spaß zu sehen, wie leichtfüßig und behende sie sich mit ihren hohen Absätzen und dem engen Rock zwischen den Steinen bewegte. Wirklich, ein erstaunliches Mädchen. In Gipfelnähe lag der Stamm eines umgestürzten Baumes. Wir setzten uns darauf und ruhten ein bißchen aus. Hier oben war es sehr schön. Steine und

Sträucher glitzerten in der Sonne, unter uns lag der Bach, in dem Theodore immer angelte.

„Ich möchte Ihnen etwas Wichtiges sagen", begann Felicia Gotlot das Gespräch.

„Heraus mit der Sprache", forderte ich sie auf.

„Diesmal ist es ganz bestimmt die Wahrheit, also hören Sie gut zu."

„Ich wette darauf, daß es die Wahrheit ist. Wieder mal!"

„Ich will deswegen die Wahrheit sagen, weil Sie kein ganz schlechter Kerl sind, nur ein bißchen einfältig. Der böse Banty zieht Sie in Dinge mit hinein, die Ihnen nur Schwierigkeiten bringen. Diese Sache hier ist die letzte, die Banty aufgerissen hat. Er kommt nie mehr wieder."

„Dann kannst du ja wohl auch weglaufen."

„Nein, er wird gar nicht abhauen. Ich habe das nur gesagt, um Sie zu verunsichern und Ihnen klarzumachen, daß es dumm ist, sich auf jemanden wie Banty zu verlassen. Banty wird von der Polizei geschnappt werden."

„Nein, der nicht."

„Doch, sie werden ihn sich holen, und soll ich Ihnen auch sagen, warum?"

„Mach schon!"

„Die Polizei wird ihn schnappen, weil Arnold Gotlot bei der Übergabe so viele Leute bereitstellen wird, daß er einen kleinen Krieg damit führen könnte."

„Nein, denn Banty sagte ihm vorher, daß seiner lieben Tochter etwas zustoßen wird, wenn er nicht mit offenen Karten spielt."

„Nun kommt das, was ich Ihnen eigentlich sagen wollte. Arnold Gotlots Tochter wird gar nichts zustoßen, denn sie sitzt seit fast einer Woche mit einem gebrochenen Bein zu Hause."

„Was soll der Unsinn, den du da redest?"

„Ich rede von Felicia Gotlots gebrochenem Bein. Sie ist vom Pferd gefallen."

„Ach so, und wer bist du? Felicia Gotlots Großmutter oder etwas Ähnliches? Stimmt das?"

„Nein, nichts dergleichen. Ich bin Amanda Swanson, Hausangestellte bei den Gotlots. Felicia mag mich. Deshalb darf ich ihre Kleider und ihren Schmuck tragen, wenn ich ausgehe. Als dieser Banty gestern abend so grob zu mir war und mich nicht zurückfahren wollte, da erfand ich die Geschichte von Felicia, weil ich annahm, das würde Eindruck auf ihn machen, und er würde mich dann zurückbringen. Als er schließlich den Plan mit der Entführung faßte, war es für die Wahrheit zu spät, denn die hätte er mir dann nicht mehr geglaubt. Außerdem war er mir unsympathisch, und ich wollte ihm eins auswischen. Das ist mir voll gelungen; er verdient es nicht besser."

„Ich glaube dir nicht. Du lügst doch, sobald du den Mund aufmachst. Das hast du doch selbst gesagt."

„Zugegeben, ich kann gut lügen, aber jetzt gefällt es mir, die Wahrheit zu sagen! Und Sie tun gut daran, mir zu glauben. Ich kenne den alten Gotlot sehr gut und weiß, wie sehr er Betrüger, Hochstapler und solche Vögel haßt. Sobald Banty ihn angerufen hat, wird er alle Hebel in

50

Bewegung setzen, um ihn auszutricksen. Kein Wort wird er darüber verlieren, daß Felicia zu Hause sitzt, denn das würde Banty stutzig machen. Er wird ganz sicher mitspielen, zu allem ja sagen und dabei bereits die Fallen stellen. Heute abend werden sie Banty wohl schon haben..., und wenn Sie hier nicht bald verschwinden, werden Sie auch bald dran sein!"

Meine Erregung kann man sich vorstellen; fast hätte ich den Kopf verloren. Am liebsten wäre ich sofort losgerannt, nichts wie weg, mich nicht mehr umsehen, nur weglaufen, bis es nicht mehr ging. Oh, hätte ich nie etwas von Felicia Gotlot alias Amanda Swanson gehört – und von Banty auch nicht. Ich war am Durchdrehen, ich sprang auf und machte einen Satz den Berg hinunter. Plötzlich aber hatte ich die Fassung wiedergefunden und hielt an.

„Moment mal – wie soll ich wissen, daß du vorher nicht die Wahrheit gesagt hast und jetzt nicht lügst?"

„Sicher können Sie da in der Tat nicht sein", meinte sie.

„Also gut. Du bist also doch Felicia Gotlot und willst mich jetzt dazu bringen, wegzulaufen, damit du in Ruhe verschwinden, Kansas City anrufen und Banty festnehmen lassen kannst."

„Wirklich rührend, wie Sie sich um Banty sorgen. Schlimm, wenn er für Sie nicht dieselben Gefühle hätte... Fesseln Sie mich doch wieder ans Bett, mir würde das nichts ausmachen. Heute abend wird nach meiner Schätzung sowieso die Polizei hier sein."

„Banty wird hier sein, und sonst niemand. Er wird mit der halben Million Dollar hierherkommen, und ich werde meinen Anteil in Empfang nehmen. Bemüh dich nicht länger, Mädchen, du kannst lügen soviel du willst."

„Ich habe mich geirrt", meinte sie darauf. „Sie sind wirklich so einfältig, wie ich von Anfang an dachte. Sie sind nicht einmal in der Lage, für Ihr eigenes Wohl zu sorgen."

„Hör endlich auf, mich zu beschimpfen, mir reicht es allmählich. Komm, wir gehen zum Haus zurück."

Sie ging vor mir her den Berg hinunter und sagte dabei kein Wort mehr. Sie verschwand gleich in ihrem Schlafzimmer und blieb den ganzen Nachmittag dort. Dann machten wir uns an die nächste Konservendose. Nach dem Essen ging sie sofort wieder in ihr Zimmer und blieb bis in den Abend hinein dort. Da ich nicht sicher war, ob ich mich wachhalten könnte, band ich sie wieder fest. Andererseits war ich so aufgeregt, daß ich unmöglich schlafen konnte, obwohl ich todmüde war.

„Wollen Sie wirklich auf Banty warten?" fragte sie.

„Ja, warum nicht?"

„Das muß ein angenehmes Warten sein. Wecken Sie mich bitte, wenn die Polizei hier ist."

„Die kommt genau zwei Tage, nachdem Banty und ich längst über alle Berge sind. Hoffentlich wird es dir inzwischen nicht zu einsam."

„Vielleicht helfen Ihnen solche Spekulationen über die lange Nacht hinweg. Ist doch ganz spannend, je länger es dauert. Kommt Banty zuerst oder die Polizei? Die Polizei oder Banty? So ein simples Problem kann sich im Kopf festsetzen, und wenn man es nicht bald wieder abstreift, macht es einen völlig verrückt."

Man sieht, sie hatte schon wieder Zweifel gesät, genauso wie gestern mit dem Geld und Banty, der damit wegläuft. Ihre Worte gingen mir im Kopf herum und ließen mich nicht mehr los. Immer wieder sagte ich mir: Banty oder die Polizei, die Polizei oder Banty... Zu allem Übel gingen mir auch noch die Zigaretten aus. Ich sammelte alle Kippen, die irgendwo in Aschenbechern lagen, und rauchte die. Ein paar Züge gaben sie noch her, aber bald war auch dieser Vorrat erschöpft. Dabei war es erst zehn Uhr, und kein Ende des Wartens war abzusehen.

Wie lange würde es dauern? Vier, fünf Stunden, schätzte ich. Es beruhigte mich irgendwie, mir einen Zeitplan zurechtzulegen. Um Punkt elf würde Banty den Übergabetermin vereinbaren. Dann brauchte er noch drei Stunden, um hierher zu fahren, wenn er sich beeilte, was er garantiert tat. Ab elf Uhr folgte ich ihm auf der Autobahn und stellte mir vor, wo er etwa gerade sein würde mit seiner Kiste. Es stellte sich bald heraus, daß ich mit meiner Schätzung ganz gut lag. Nach meiner Rechnung war er noch etwa fünfzig Meilen entfernt, als plötzlich jemand mit dem Fuß die Tür aufstieß. Fünf Polizisten, die Pistolen im Anschlag, stürmten herein, jeder von ihnen ein Zweimeterriese.

Ja, das war das Ende der Geschichte. Ich bin fast froh,

daß es so ausging. Man sieht wieder einmal: Banty hat zwar viel im Kopf, aber es fehlt ihm das Glück. Auch ich habe kein Glück, aber ich bin noch dazu dumm. Nicht so das gewisse Fräulein Felicia Gotlot. Sie war gescheit und hatte auch noch das Glück auf ihrer Seite; außerdem konnte sie wie gedruckt lügen. Man konnte unmöglich sagen, wann und ob sie gerade log, denn wenn sie die Wahrheit sagte, klang es wie Lüge, und umgekehrt. Trotzdem habe ich eigentlich nichts gegen das Mädchen einzuwenden. Ich mochte sie sogar, mag sie noch immer. Sie unternahm ja schließlich einiges, damit ich mich von der Sache abseilen konnte, solange es noch nicht zu spät war. Sie war wirklich das schönste und interessanteste Mädchen, das mir je begegnet ist, diese Felicia Gotlot – Amanda Swanson meine ich natürlich.

Der Grüne Affe

Jadegrün ist schon immer meine Lieblingsfarbe gewesen.
Es wirkt auf mich so frisch wie Pfefferminz auf der Zunge.
Rosafarbener Jade erinnert mich an eine Abendwolke, die
bei Sonnenuntergang mit dem Messer aus dem Himmel
herausgeschnitten wurde. Der weiße Jade dagegen verur-
sacht bei mir ein herrlich prickelndes Gefühl.

Wenn es um Jade geht, gerate ich jedenfalls ganz aus
dem Häuschen. Zu meinem großen Bedauern hatte ich
jedoch nie die Mittel, um mir diese herrlichen Steine
zuzulegen. Millionär müßte man sein! Ich hätte dann
schon längst eine eigene Sammlung beieinander. Wenn ich
wenigstens eine vernünftige Ausbildung hätte, dann hätte
es vielleicht zum Jade-Experten gereicht, der bei einem
großen Museum angestellt wäre. Nichts dergleichen. Seit
meiner Kindheit reicht es immer nur zum Allernötigsten.
Mußte ich da nicht einfach zum Dieb werden?

Nicht ein Allerweltsdieb wohlgemerkt – ich bin natürlich auf Jadestein spezialisiert! Mit „Jade" sind nicht nur

Jadeit, Nephrit und Chloromelanit, die echten Jadesteine also, gemeint, nein, auch ihre Verwandten, die Saussuriten bis hin zum Quarz.

Meine Leidenschaft für Jade war auch der Grund dafür, daß ich nach Bangkok fuhr. In dieser Stadt ist der Grüne Affe zu Hause, eine Nachbildung Hanumans, des Affenkönigs, der vor fünfhundert Jahren aus einem einzigen Block eines makellosen Chanthaburi-Jaspis geformt wurde. Sein Kopf ist fünfunddreißig Zentimeter hoch, und er thront, mit reichen Gewändern bekleidet, auf einem vier Meter hohen Piedestal. Zu sehen ist er in einem phantastischen Tempelmuseum gleich am Royal Plaza. Zweifellos eine der schönsten Jadefiguren in ganz Asien.

Ich nahm mir vor, ihn mir zu holen.

Das Schiff, mit dem ich aus San Francisco kam, legte abends im Golf von Siam an der Mündung des Chao Phraya an. Dort stand eine riesige Barke bereit, die uns – dreihundert amerikanische Touristen, die zwei Tage lang Bangkok besichtigen wollten – den Fluß hinauf- und wieder hinunterfahren sollte. Unser Dampfer wäre auf den Sandbänken des Flusses hängengeblieben.

Der Grund, warum ich mich den Touristen, die in zwei Tagen Bangkok machen wollten, anschloß, war verblüffend einfach: Diese Touristen mußten weder bei der Ankunft noch bei der Abreise durch die Zollkontrolle. Ideal, nicht? Außer meiner Umhängetasche mit der Kamera, mit Zahnbürste, Rasierapparat und Regenschirm nahm ich nichts mit.

In Bangkok trennte ich mich von meinen Landsleuten und nahm im Hotel *Ratanokosin* ein Zimmer. Es liegt nicht weit vom Royal Plaza und vom Sitz des Grünen Affen entfernt, eine günstige Ausgangsposition also. In meinem Hotelzimmer holte ich erst mal tief Luft, legte Jackett und Krawatte ab und bestellte mir einen Gin aufs Zimmer.

Genüßlich schlürfte ich meinen Gin und konnte meine Vorfreude kaum noch unterdrücken. Rasch ging ich nochmals meinen Plan durch, den ich schon vor Monaten mit größter Sorgfalt ausgearbeitet hatte. Alle Eventualitäten waren durchgespielt, es müßte eigentlich ein Kinderspiel sein. Wer würde schon an meiner Kameratasche Anstoß nehmen? Die herrlichen Tempel, die Kanäle und Türme dieser Stadt – man mußte sie doch einfach fotografieren! Und mein Regenschirm fiel garantiert auch nicht auf; schließlich hatte in Bangkok gerade die Regenzeit eingesetzt.

Es war Samstag nachmittag. Ich mußte bis Sonntag warten, denn nur sonntags konnte man den Sitz des Grünen Affen besichtigen.

Am Sonntag stand ich früh auf. Draußen war es bewölkt und regnerisch. Ich fühlte mich sehr sicher, innerlich gut vorbereitet. Nach dem Frühstück setzte ich mich noch auf eine Stunde in die Hotelhalle, wo drei Thais auf den „ranad ek", einer Art Bambus-Xylophon, Musik machten. Dann ging ich auf mein Zimmer, kontrollierte noch einmal die Kameratasche und den Regenschirm. Ein letzter Blick auf die Uhr, dann machte ich mich auf den Weg zum Grünen Affen.

Unter dem weiten, leicht geschwungenen Dachvorsprung befindet sich die hohe und breite Doppeltür des Königssitzes. Bewacht wird sie von zwei Dämonen aus Glasziegeln. Besseren Schutz gewährten wohl die etwa sechs kleingewachsenen Museumswächter mit ihrem einnehmenden Lächeln und ihren strahlend weißen Zähnen, die zur Besichtigungszeit ständig vor dem Podium hin und her patrouillieren.

Ganz Bangkok war erfüllt von süßem Tempelglockengeläute, doch ich hatte Augen und Ohren nur auf ein Ziel gerichtet. Da war es schon durch die offene Doppeltür zu sehen: im Kauersitz, die Beine verschränkt, das Gesicht voller Runzeln. Ein erhabener Anblick: der Affenkönig auf seinem goldenen Thron!

Obwohl es schon fünf Minuten vor zwölf war – das Museum machte dann für ein paar Stunden zu –, herrschte noch immer großer Andrang. Einheimische und Ausländer waren bunt gemischt. Ich reihte mich in eine Reisegruppe ein und brachte meine Kamera in Anschlag; die Fototasche hatte ich um die Schultern gehängt, den Regenschirm in der rechten Hand. Bald war ich inmitten von Museumsbesuchern, die vor dem pyramidenförmigen Thron standen und voller Bewunderung nach oben starrten, zu der Affenphysiognomie des Königs aus Jadestein, der in erhabener Ruhe auf seinem Thron saß.

Unauffällig löste ich mich von der Gruppe und schlen-

58

derte zu einer Seite des Throns, wo ich mit scheinbar größtem Interesse eine der beiden lebensgroßen goldenen Statuen betrachtete. Im Schutz dieser Statue nahm ich die Fototasche von der Schulter und stellte sie auf den Boden. Dann schob ich sie mit dem Fuß unter den Überhang aus Goldbrokat, der über das Piedestal gelegt war, um die vier Pfeiler des Throngestells zu überdecken. Die Tasche war nicht mehr zu sehen – genauso hatte ich es geplant.

Keinem schien etwas aufgefallen zu sein, und so ging ich vollends zur Rückseite des Throns und schaute auf die Uhr. Da hörte ich schon die Wächter rufen, es sei Zeit zum Gehen, das Museum werde jetzt geschlossen. Und sie gingen rasch weg, einer nach dem andern. Als ich sicher war, daß mich niemand beobachten konnte, legte ich mich hin, hob den Brokatvorhang an und rollte mich unter das Podium. Da lag ich in Sicherheit und konnte ein freudiges Lächeln nicht unterdrücken.

Es war ein absolut sicheres Versteck. Kaum lag ich, da machten zwei Wächter auch schon die Runde im Thronsaal, um nachzusehen, ob alle Besucher gegangen waren. Dann schlossen sie die massiven Türen von außen zu. Ich hörte noch ihre Schritte, wie sie sich entfernten. Sie hatten wahrlich nicht sehr gründlich nachgesehen. Trotzdem war ich froh über mein gutes Versteck, denn nun, nachdem keiner der Wächter bemerkt hatte, daß ich zwar hinein-, aber nicht wieder hinausgegangen war, bestand keinerlei Gefahr mehr. Ich wußte nämlich, daß am Nachmittag andere Wächter Dienst hatten. Wenn ich mit dem Grünen Affen wegging, standen draußen andere Leute. Ich preßte mein Ohr auf den Marmorboden, um zu hören, wann auch die Außentüren verschlossen wurden. Es war plötzlich dunkel und mäuschenstill, man hatte auch noch das Licht abgeschaltet.

Ein paar Minuten ließ ich noch verstreichen, bis ich unter dem Vorhang hervorkroch, im Dunkeln nach meiner Fototasche angelte und sie hervorholte. Um arbeiten zu können, hatte ich eine Lampe mitgebracht. Zuerst schraubte ich die Spitze des Handgriffs an meinem Regenschirm ab und holte eine Batterie von kurzen, papierdünnen Stahlröhrchen hervor und steckte sie zusammen. Es wurde eine Leiter daraus, die ich schon nach einer Viertelstunde an den Thronsockel stellen konnte. Sie war mein ganzer Stolz, eine eigene Erfindung wie auch der übergroße Griff des Regenschirms.

Noch stolzer war ich auf den nächsten Gegenstand, den ich aus meiner Fototasche hervorholte. Er war der Dreh- und Angelpunkt des gesamten Unternehmens.

Waren Sie schon einmal in einer Glasfabrik und haben dort die groben grünen Glasbrocken gesehen, das sogenannte „Bruchglas", das dem Glasofen entnommen wird, wenn er neu beschickt werden soll? Wie dem auch sei, ich hatte jedenfalls in meiner Fototasche einen dieser Bruchglasbrocken. Seine Form war pyramidenähnlich, und er hatte eine wichtige Eigenschaft: das Oberteil war beschlagen worden, so daß man ihn von weitem für einen

Affenkopf halten konnte.

Nie zuvor hatte ich mit Bildhauerei zu tun gehabt, aber dieser Kopf war mir echt gelungen. Den Glasbrocken hatte ich aus dem Abfall einer Fabrik in Kalifornien mitgenommen. Während der Schiffsreise hatte ich die ganze Zeit in meiner Kabine gesessen und an dem Kopf gearbeitet, fünf Wochen lang jeden Tag. Vor allem hatte ich mit feinem Sand den Glanz des Glases beseitigt.

Vorsichtig stellte ich meine Figur auf den Boden und brachte die Leiter so an, daß ich zum Grünen Affen hinaufklettern konnte. Als ich oben war und im Lichtstrahl meiner Lampe die Figur erkennen und mit der Hand erreichen konnte, nahm ich die Lampe in den Mund und hob mit beiden Händen den Grünen Affen vom Piedestal. Vorsichtig stieg ich Schritt für Schritt die Leiter hinunter – die Figur mit Gewändern war schwer!

Unten streifte ich den königlichen Kopfschmuck und den juwelenbesetzten, stolenähnlichen Umhang, der den gesamten Körper bedeckte, ab und legte sie meinem geformten Glasbrocken an.

Das Ergebnis meiner Arbeit nahm sich im Lichtschein der Lampe nicht schlecht aus. Der verkleidete Glasbrokken sah wenigstens wie der Neffe des Grünen Affen aus. Die Ähnlichkeit war so groß, daß der Diebstahl wohl bis in alle Zeiten unentdeckt bleiben dürfte, herrschte doch im Thronsaal ein ziemlich schwaches Licht. Zudem stand die Figur hoch über den Köpfen der Besucher.

Ich stieg also noch einmal auf die Leiter und stellte die

Glasfigur auf den Thronsitz des Grünen Affen. Als ich wieder unten und die Leiter im Griff des Regenschirms verstaut war, besah ich mir zum erstenmal im Lichtschein der Lampe die Jadefigur, die nun vor mir auf dem Boden stand, nackt und bloß.

Welch atemberaubende Schönheit! Ich verschlang sie förmlich mit meinen Augen, streichelte sie sachte mit den Fingerspitzen und fuhr mit dem Kinn darüber, ja, ich hielt sie in meinen Armen und tanzte im Dunkeln mit ihr. Der Grüne Affe war mein!

Schließlich mußte ich ihn aber in meiner Fototasche verstauen, an der Stelle, die zuvor der grüne Glasbrocken eingenommen hatte. Dann hieß es wieder warten. Ich setzte mich hinter den Thron ins Dunkle... Bald würde der Saal für die Nachmittagsbesucher geöffnet werden.

Was ging mir nicht alles durch den Kopf... Etwa zehn Minuten vor der Wiedereröffnung trommelte es auf das Dach über mir; es hatte draußen offensichtlich zu regnen angefangen. Die Lichter gingen an, und schon wurden die Türen für die Besucher weit aufgemacht.

Zum Glück kamen trotz des Regens viele Leute. Die einzige kleine Sorge, die ich hatte, daß nämlich nur wenige kämen und ich daher auffallen müsse, wurde gegenstandslos. Rasch kam ich hinter dem Thron hervor und mischte mich unbemerkt unter eine Reisegruppe. Ich ging auch mit ihnen hinaus. Ich muß still vor mich hingelächelt haben, als ich sie begeistert über das grüne Glasstück reden hörte, das sie für den Grünen Affen halten mußten.

Schon war ich draußen und stand unter dem Dachvorsprung. Es regnete stark. Wie die meisten Touristen um mich herum, spannte auch ich meinen Regenschirm auf und wollte gerade die Treppe hinunter in den Regen hinausgehen. Hanuman, der Affenkönig, ruhte sicher in meiner Fototasche, die man unter dem Regenschirm kaum noch sehen konnte.

Die thailändischen Museumswächter hatten Regenumhänge aus Plastik an. Sie gingen vor dem Eingang hin und her und musterten die Leute genau. Es waren tatsächlich andere als am Morgen. Ich war in Sicherheit!

In diesem einen kurzen Moment unter dem Vordach des Tempelmuseums, als ich meinen Regenschirm aufspannte und still meinen Triumph genoß, da spürte ich nichts als Bedauern für diese Menschen. Sie konnten zwar die Statue des Grünen Affen Sonntag für Sonntag anschauen, aber hatten sie jemals die Möglichkeit, den Grünen Affen so zu sehen wie ich – nämlich unbekleidet? Denn nur so offenbart sich einem der unverstellte Reiz des Jadesteins. Hatten sie irgendwann einmal die kühle, schwach ölige Zartheit des Steins fühlen können? Hatten sie jemals die unglaubliche Schönheit bewundern können, die der vollkommenste Stein Asiens ausstrahlt? Ganz gewiß nicht. Deshalb taten mir die Bewacher des Affenkönigs leid. Es waren eben simple Leibwächter und sonst nichts.

Ausgerechnet in diesem Augenblick sah mich einer von ihnen an, als hätte er meine Gedanken lesen können. Langsam kam er durch den Regen auf mich zu.

Wieso runzelte er plötzlich die Stirn? Wieso hielt er seinen scharfen Blick auf mich gerichtet und kam immer näher, winkte schließlich noch zwei seiner Kollegen heran? In Sekundenschnelle standen die drei direkt vor mir. Niedlich schauten sie aus mit ihren Regenumhängen, doch auch bedrohlich. Der Regen tropfte von ihren Mützen, von ihrer Nase, ihrem Kinn.

„Kho apia", sagte der erste freundlich zu mir. Dann sprach er Englisch. „Entschuldigen Sie, würden Sie uns bitte folgen?"

Völlig verwirrt starrte ich ihn an. „Warum denn?"

„Hier im Regen können wir uns nicht unterhalten", sagte er darauf. „Fahren Sie bitte mit uns." Er war äußerst höflich, aber sehr bestimmt und ernst.

„Mit Ihnen gehen? In einem Auto fahren? Kommt gar nicht in Frage!" Ich protestierte laut, es war mir nämlich plötzlich ganz flau zumute. Unter meinem Regenschirm hervor sah ich ihn genau an.

„Kommen Sie", sagte der Mann, der offenbar meine Gedanken lesen konnte. Er ging vor mir her zum Parkplatz. Mir fiel das Herz in die Hose. Die Fototasche an meiner Schulter wurde immer schwerer, als habe der Affenkönig plötzlich ein Gewicht von Tausenden von Kilos.

Sie fuhren mich zur Polizeizentrale. Mit einem Redeschwall erklärten sie dem Beamten meinen Fall. Immer wieder zeigten sie mit dem Finger auf mich. Schließlich wurden mir ohne lange Erklärung mein Paß, die Fototasche und der Regenschirm abgenommen. Im Nu hatten sie den Affenkönig ausfindig gemacht.

Dann sperrten sie mich in eine Zelle. Das Ganze spielte sich so schnell ab, daß es mir die Sprache verschlug. Ein einziger Blick eines Museumswächters hatte ihnen zur Festnahme genügt. Was war passiert? Alles hatte doch wunderbar geklappt! Es gab nicht das geringste Indiz, das mich hätte verraten können. Der Mann mußte Gedanken lesen können oder eine andere magische Kunst beherrschen. Im Osten verfügen sie ja manchmal über sonderbare geistige Kräfte.

Durch das Gitter der Zellentür sprach ich den Gefängniswärter, der Englisch konnte, darauf an: „Sagen Sie mal, wie haben Sie herausbekommen, daß ich den Affenkönig gestohlen hatte?" Sie hatten mich ja ertappt, also hatte es keinen Zweck, meine Unschuld zu beteuern.

Lächelnd schaute er mich an. „Sie in Mittagspause im Thronsaal Hanumans, nicht?" kam es in gebrochenem Englisch. „Ist sehr verdächtig, nicht?"

„Stimmt. Aber wie konnten Sie wissen, daß ich während der Mittagspause drin gewesen war – und das bei meinem bloßen Anblick?"

„Er zuckte bedauernd mit den Schultern. „Regen", meinte er dann.

„Regen? Was hat das damit zu tun?"

„Regen hat angefangen vor der Öffnung des Museums für den Nachmittag, nicht?"

Ich nickte.

„Das erklärt Rätsel, mein Herr", sagte er. „Entschuldigen Sie."

Nun endlich dämmerte es mir!

Mein Regenschirm war trocken gewesen, als ich ihn beim Verlassen des Thronsaals aufspannte...

Ein Glücksgriff

Als ich zu Dr. Parker kam, um meinen Passierschein abzuholen, lächelte er mich freundlich an und sagte: „Das ist dein großer Tag! Nervös, Jimmy?"

„Ein bißchen schon, Sir... Don, meine ich. Aber ich hab mich unter Kontrolle." Der Doktor mochte es gar nicht, wenn ich „Sir" zu ihm sagte; wir standen eigentlich auf du und du.

„Schön, mach weiter so! Aber denk immer daran, daß du die Veranlagung hast... Daher gilt: immer Zurückhaltung üben, klar?"

Ich nickte. „Da ist noch etwas..., Don... Muß ich jetzt gleich nach Hause gehen, muß ich direkt zu *ihr* hinfahren?"

Da wich das Lächeln langsam aus seinem Gesicht. „Ich verstehe nicht, was du meinst, Jimmy."

„Ich meine doch nur... Es ist das erste Wochenende, an dem ich Ausgang habe. Wir wissen beide, daß sie garantiert über mich herfallen wird, daß sie mich nach wie vor wie einen lebenden Toten behandeln wird. So weit, so gut..., Don. Ich werde damit fertig. Ich bin ja darauf vorbereitet. Schließlich komme ich aus einer psychiatrischen Klinik. Natürlich werden mich die Leute komisch ansehen – das meinten Sie doch auch – einfach deshalb, weil fast alle eine falsche Vorstellung davon haben, was das für eine Krankheit ist, die ich habe. Ich habe nur folgendes gedacht: Ich werde am späten Vormittag schon in der Stadt sein... Ich würde sehr gern erst einmal ins Kino gehen, ein bißchen spazierengehen – ganz für mich allein. Dann würde ich mich bei Mama melden und . . . mit ihr zu Abend essen. "

Dr. Parker streckte seinen Arm nach mir aus und klopfte mir freundschaftlich auf die Schulter. „Aber natürlich, Jimmy, alter Junge, du sollst richtig ausgehen. Ich hätte dir doch niemals die Erlaubnis zum Wochenendausgang gegeben, wenn ich nicht der Meinung wäre, daß du in der Lage bist, dich draußen zurechtzufinden. Nun wissen wir beide aber sehr genau, mit welch starken Gefühlen deine Mutter reagieren wird. Sie selber ist sich darüber gar nicht im klaren. Also entscheide du ganz allein, wie du das Wochenende verbringen willst – auf keinen Fall die ganze Zeit bei deiner Mutter! Das wäre ein Fehler und würde euch beiden bloß schaden. Für dich ist es eine Art Test. Du mußt erreichen, daß sie nicht gleich zu diskutieren anfängt – über dich!"

„Sie wird's natürlich sofort versuchen. "

„Das ist mir auch klar. Sie wird es von der ersten Sekunde

an probieren. Dabei mußt du ruhig bleiben und darfst nicht in Wut geraten. Denk immer daran, du hast es mit einer alten Frau zu tun, die eine übersteigerte Liebe zu dir empfindet, weil sie ihr ganzes Leben um dich herum aufgebaut hat. Versuche sie abzulenken, rede über die Weltpolitik, über Bücher, neue Filme... Die Zeitungen hast du ja regelmäßig gelesen, oder?"

„Ja, natürlich, Don", sagte ich. Ich hatte die Zeitungen in meinem Zimmer nicht einmal angeschaut. Wenn ich das zugegeben hätte, wäre der Doktor bestimmt ärgerlich geworden und hätte mir vielleicht keinen Passierschein gegeben.

„Gut. Also noch einmal: Heute nachmittag gehst du ins Kino, dann ißt du zu Abend und siehst fern – zusammen mit Mama. Am Samstagmorgen besuchst du deine alten Freunde, gehst mit einem Mädchen spazieren, aber ohne Mama. Dann wirst du wieder mit ihr zusammen essen, vielleicht könnt ihr sogar zusammen ins Theater gehen oder ins Konzert. Am Sonntag nimmst du noch mal ein gutes Frühstück zu dir, verabschiedest dich von deiner Mutter und hast dann bis sechs Uhr abends noch frei. Dann meldest du dich hier zurück. Jimmy, du kennst deine Situation – du mußt dir daher immer bewußt sein, was auf dem Spiel steht."

„In Ordnung, Doktor."

Er klopfte mir wieder auf die Schulter. „Alles klar – und nun hinein ins Vergnügen!" Er winkte mir nach. „Aber natürlich Hände weg vom Alkohol!"

69

Ich nickte ihm noch mal zu. Aus Alkohol mache ich mir wirklich nichts.

„Und immer daran denken: Verlier nie die Kontrolle über dich – immer schön ruhig bleiben!"

Die etwa zwei Stunden im Zug empfand ich als angenehm. Als ich aber in der Stadt war, bekam ich einen tüchtigen Schrecken. Diese vielen Leute, die Spannung in der Luft – ich fühlte mich wie in einer Zwangsjacke. „Nur ruhig Blut, langsam aber sicher gewöhnst du dich daran", redete ich mir Mut zu. „Dir geht es jetzt eben wie einem, der aus der finstersten Provinz kommt. Du hast jeden Kontakt zur Außenwelt verloren. Die Stadt, die vielen Menschen ... Ja, du lebtest praktisch dreizehn Monate lang in einer anderen Welt. Du mußt es wirklich ganz, ganz langsam angehen lassen."

Ziellos schlenderte ich durch die Straßen; alle anderen rannten, als ginge es um jede Sekunde. Ich hatte überhaupt keine Lust, zu Mama „nach Hause" zu gehen oder einen Freund anzurufen. Ich hörte schon den zweifelnden Tonfall ihrer Stimme, wenn sie mich erkannten. Sie wollten sicher wissen, ob ich ein „Gefährlicher" sei oder nicht. Das erste Kino, an dem ich vorbeikam, war da viel sicherer. Ich ging hinein. Zunächst bot die Dunkelheit eine schützende Atmosphäre, der Film war jedoch so albern und verrückt, daß ich dachte, ich sei wieder einem Wahn verfallen.

Als der Film endlich aus war, hatte ich Hunger bekommen. An einem Kiosk kaufte ich ein Sandwich und ein Glas Limonade. Ich hörte, wie der Verkäufer zu einem Schwarzen sagte: „Was für ein Tag für ihn, genau die richtige Wärme! Vielleicht packt er es heute. Mensch, wenn ich mir nur frei nehmen könnte!"

„Ich würde auch gern hingehen", erwiderte der Schwarze. „Wird bestimmt ein tolles Spiel werden." Dabei verdrückte er einen Hamburger.

„Entschuldigen Sie...", schaltete ich mich ein, „... äh, findet heute ein Spiel statt?"

Sie drehten sich um und sahen mich erstaunt an. Ich spürte schon die heiße Wut in mir hochkommen. Gerade wollte ich den Mund aufmachen und sie fragen, warum sie mich so anstarrten, da fing der Verkäufer schallend zu lachen an. Es war ein freundliches Lachen, klang sehr ehrlich. „Menschenskind, Junge, wo lebst du denn? Fragt der, ob heute ein Spiel stattfindet? Heute gibt es *das* Spiel des Jahrhunderts! Die letzte Chance für Rocky Burns, den Schlagrekord zu brechen! Das wird ein Spiel werden, sag ich dir, so was hast du noch nie gesehen!"

„Ach so, ich war nämlich eine Weile... nicht im Lande. Spielen sie oben im Stadion?"

„Klar, und in knapp einer Stunde geht's schon los", antwortete diesmal der Schwarze, der immer noch an seinem Hamburger kaute.

Mit dem Nahverkehrszug fuhr ich Richtung Stadion, denn die Expreßzüge der U-Bahn waren überfüllt. Zunächst hatte ich im Stadion richtige Angstgefühle, bei diesem fortgesetzten und wilden Geschrei von vielen tausend Menschen. Alles kam mir irgendwie verrückt vor. Als ich mich gerade auf einer Zuschauerbank niederlassen wollte, bemerkte ich, daß auf der anderen Seite ein fast ganz leerer Block war. Ich ging dorthin. Den Schlagring konnte ich von dort aus zwar schlecht erkennen, aber es war wenigstens sonnig, und ich fühlte mich nicht von so vielen Leuten eingeengt. Ich war schon oft im Stadion gewesen, und es machte mir immer Spaß, die Leute zu beobachten, vor allem die Mädchen. Unglaublich, was für ein Spektakel es jedesmal gab, wenn dieser Burns an die Reihe kam! Ja, wirklich, sie brüllten wie die Verrückten. Schlimmer als die Typen in Haus 32, und die waren schon völlig weggetregen.

Wenn Burns das Außenfeld spielte, konnte ich ihn gut sehen. Er machte einen äußerst gespannten Eindruck, sein Gesicht war richtig verzerrt. Ich verstand nicht, warum ein Baseballspieler ausgerechnet im letzten Spiel der Saison so nervös war. Nachdem er den Ball bereits fünfmal gehabt hatte, war er jetzt wieder mit einem Schlag dran. Obwohl ich ihn gar nicht genau sehen konnte, merkte ich, wie die Spannung immer größer wurde, die in der Luft lag. Da, jetzt hatte er den Ball getroffen! Es folgte das ohrenbetäubende, fast tierische Geschrei von fünfundzwanzigtausend Leuten. Der Ball schlug zunächst auf das Tribünendach auf, prallte dann über die Gegengerade zu mir her und rollte plötzlich langsam auf mich zu. Natürlich hob ich ihn auf. Es war wie damals, als ich noch ein Kind war und hier ebenfalls auf der Tribüne einen Ball erwischte...

Kaum hatte ich den Ball, da wurde es plötzlich mäuschenstill im Stadion. Alle standen auf und blickten zu mir herüber. Und dann ging es los: Tausende von Leuten zeigten mit dem Finger auf mich und schrien: „Er hat den Ball! Er hat ihn!"

Ich bekam richtiggehend Angst. Natürlich, ich hatte den Ball. Was war daran so schlimm? Du liebe Zeit, jetzt kamen sie auch noch die Sitzreihen heraufgeklettert! Buben und Männer, wild gestikulierend und schreiend... Und nun kamen auch noch die Stadionkontrolleure auf mich zugerannt. Es war nicht zum Aushalten. „Seid ihr denn alle krank?" rief ich ihnen entgegen, doch niemand reagierte. „Ich habe doch nichts getan..., nur den Ball da aufgehoben und... Was habt ihr denn alle?"

Ich schloß die Augen. Als ich sie wieder öffnete, eilten die Leute immer noch auf mich zu. Da verlor ich die Kontrolle über mich und verfiel in Panik. Nichts wie weg! Durch einen freien Gang floh ich zu einer unterirdischen Passage, die zum Ausgang führte. Als ich draußen war, wußte ich nicht, wohin ich laufen sollte. Durch das Gebrüll oben im Stadion hindurch hörte ich Schritte in der Nähe. Ein kräftiger Mann mit einer schmutzigen Mütze und einem grellfarbenen Hemd kam auf mich zugerannt. Seine Augen waren aufgerissen, sein breites Gesicht gerötet.

„Komm, gib mir das Ding!" krächzte er, und schon griff er mit seinen verschmutzten Fingern nach meiner Hand.

„Wieso denn? Ich hab ihn aufgehoben, er gehört mir. Sind Sie . . ." Ich konnte nicht einmal zu Ende reden, da schlug er schon auf mich ein. Um dem Schlag auszuweichen, duckte ich mich, und er traf nur meine Schulter. Alle Achtung, der Mann hatte Kraft. Trotzdem bewahrte ich die Ruhe und hatte mich ganz unter Kontrolle. Wozu Angst haben? Im Rahmen meiner Therapie hatte ich auf dem Gelände der Anstalt viel Sport getrieben; ich war durchtrainiert und ausgeruht. Ich hatte keine Angst vor einem Boxkampf, körperlich, meine ich. Lediglich wenn ich ihn traf, mußte ich aufpassen, daß mein Temperament nicht mit mir durchging. Daher konzentrierte ich mich ganz auf die Verteidigung und hielt meistens die Hände vor mein Gesicht. „Was geht denn in euch vor? In euch allen?"

Er schlug immer weiter auf mich ein. Einen Schlag konnte ich mit meinem Unterarm abblocken; dabei fiel der alberne Ball auf den Boden und rollte unter einen Kiosk, der geschlossen war. Der Mann wandte sich von mir ab und kroch unter den Kiosk.

Schließlich sah ich ihn gar nicht mehr. Noch nie hatte ich einen ausgewachsenen Mann gesehen, dem so viel an einem einfachen Baseball lag. Also kroch ich auch unter den Kiosk – aber nicht etwa, um mich zu prügeln oder den Baseball zu ergattern. Ich wollte schlicht wissen, ob dieser Mann tatsächlich existierte, oder ob ich schon wieder am Durchdrehen war.

Er lag da, zusammengerollt, in der rechten Hand den

Baseball. Als er mich sah, zog er eine kleine Pistole aus der Tasche und zielte mit der Linken auf mich. „Verschwinde hier!" knurrte er mich an.

„Hör doch endlich mal zu, warum macht ihr denn das ganze Theater?"

„Hau ab, oder ich schieß dich nieder!"

Er fuchtelte immer noch mit der Pistole herum, aber so ungeschickt mit seiner Linken, daß es mir gelang, sein Handgelenk zu ergreifen und die Pistolenhand gegen sein schäbiges Hemd zu drücken. „Jetzt sag mir endlich, was du da mit deiner Pistole willst! Was soll das?"

Er versuchte mich mit dem Fuß wegzustoßen, dann wollte er seine Hand freikämpfen. Aber ich hatte ihn fest im Griff. Trotz der großen Aufregung war ich auch ein bißchen stolz auf mich: Innerlich war ich ganz ruhig und gelassen geblieben. „Ist dir klar, daß du mich wegen eines blöden Baseballs töten wolltest? Du bist wohl krank, was..."

Da waren plötzlich zwei Schüsse zu hören, die im allgemeinen Getümmel ganz untergingen. Sein schäbiges Hemd war vorne mit einemmal etwas angebrannt – zwei schwarze, leicht qualmende Löcher im Hemdenstoff. Und dann strömte auch schon hellrotes Blut hervor. Seine rechte Hand erschlaffte, sie gab den Ball frei.

Das *konnte* doch einfach nicht wahr sein! Ungläubig starrte ich auf seine toten Augen und berührte seine teigig-kalte Haut. Dann kroch ich wieder ins Freie. Da stand ich mit verschmutzten Kleidern und schaute mich um. Ich wollte weglaufen, doch da kamen mir drei uniformierte Stadionkontrolleure genau entgegen. Sie hielten mich auf, und einer von ihnen sagte: „Schaut mal, das ist der Mann mit dem Ball!"

„Sagen Sie mir doch bitte endlich, was hier gespielt wird", murmelte ich mehr zu mir selbst. Ich versuchte auch gar nicht, irgendwelchen Widerstand zu leisten.

Die beiden anderen Kontrolleure klopften mir auf die Schulter – nach diesem ganzen Alptraum beinahe so etwas wie eine freundschaftliche Geste. Der größte von ihnen sagte: „Wir gehen mit Ihnen zum Büro. Sie haben es geschafft!"

„Bitte hören Sie doch, ich hab's nicht getan . . ."

„Sie sind wirklich ein Glückspilz", meinte einer der drei im Weitergehen. Wir kamen an der johlenden Menge vorbei . . . Alle wandten sich eigens vom Spiel ab und riefen und winkten mir zu. Ist all das *wirklich* wahr? fragte ich mich. Ich konnte es einfach nicht glauben.

„So, da sind wir! Sie sind vielleicht ein Glückspilz", wiederholte der Große und grinste mich an. „Das ist der Ball, der den Rekord brach. Geben Sie ihn im Büro ab – Sie bekommen dafür die zehntausend, genauso wie es in den Zeitungen stand. Zehntausend Dollar für ein paar Sekunden Arbeit und . . ."

„Zehntausend . . . Wirklich?" fragte ich.

Die Kontrolleure lachten vergnügt in sich hinein. Einer meinte: „Unserem Glückspilz hat's die Sprache verschlagen. Ginge mir wohl auch so, wenn ich plötzlich die zehn dicken Scheine in der Hand halten würde. Junger Mann, Sie haben es geschafft! Fotografen und Reporter warten auf Sie. Sie kommen ins Fernsehen und so weiter. Los, geben Sie sich einen Ruck und machen Sie ein freundliches Gesicht!

Mehr als ein mattes Lächeln brachte ich nicht hervor. Wie lange würden sie wohl brauchen, um die Leiche unter der Hot-dog-Bude zu finden? Ich konnte es drehen und wenden, wie ich wollte, aus der Klinik würden sie mich jetzt nicht entlassen . . ., niemals!

Ganz weit weg und verschwommen hörte ich im immer stärker anschwellenden Geschrei der Menge jemanden rufen: „Halt ihn! Der Glückspilz fällt mir doch glatt in Ohnmacht . . ."

Janie

In ihrer Angst und Unentschlossenheit vergaßen die Sanfords ganz, daß ihre Tochter Janie auch noch da war. Neben dem Kamin hatte sie sich still in einen Sessel gekauert. Natürlich hätte sie längst im Bett sein müssen. In letzter Zeit waren die Eltern zwar etwas großzügiger geworden. Janies Hobby waren nämlich Nachttiere: Motten, Fledermäuse, Grillen und so weiter. Sie war jetzt elf, schlaksig bis dürr, Pickel im Gesicht; das einzig Hübsche an ihr waren die großen, braunen, lebendigen Augen. In Biologie war Janie wirklich ein As; mancher Erwachsener verblaßte neben ihr.

Frau Sanford spielte schon das dritte Mal jenes Tonband ab, das die Familie in größte Bedrängnis gebracht hatte. Ihr Sohn war entführt worden; und von dem Band kam seine Stimme. War ihr irgendein Hinweis auf seinen Aufenthaltsort zu entnehmen? Janie dachte intensiv nach, machte sich Notizen. Für sie war das Ganze wie ein neues „Projekt" im Unterricht.

„Sie halten mich hier fest, Vater", sagte die Jungen-
stimme mit einer Unbekümmertheit, die offensichtlich
gespielt war. „Wo, weiß ich natürlich nicht. Aber wenn du
die Sitzung vom Montag nicht platzen läßt, werden sie
etwas machen; das soll ich dir ausrichten. Töten wollen sie
mich nicht, sondern...", an dieser Stelle stockte die
Stimme etwas, „die Finger... Mehr kann ich jetzt nicht
sagen; macht euch keine Sorgen, es geht mir gut."

„Seine Finger!" wiederholte Frau Sanford entsetzt. „Was
sind das für Menschen!"

„Ich bin sicher, Ed Corey steckt dahinter", meinte ihr
Mann zerknirscht. „Das sind seine Methoden. Wenn ich
die entscheidende Sitzung verstreichen lasse und nicht
abstimme, wird der Gemeinderat seine Firma an Glen
Devon verkaufen, und die letzte Möglichkeit, einen Park
zu erhalten, wäre dahin."

„Du wirst auf ihre Forderungen eingehen müssen",
seufzte sie. „Wir können Bills Hände nicht aufs Spiel
setzen."

Sein Gesichtsausdruck war grimmig. Er wünschte sich
manchmal, sein Sohn hätte andere Fähigkeiten entwickelt.
Warum hatte er nichts für Jura, Mathematik oder irgendein anderes Fachgebiet übrig, für das die Hände nicht so
wichtig waren? Seit Jahren mußten sie seine zarten Finger-
chen wie einen Augapfel hüten. In einer Woche sollte er
mit dem Sinfonie-Orchester das dritte Klavierkonzert
Beethovens aufführen – wenn, ja, wenn Coreys Leute ihm
nicht inzwischen die Finger brachen... Bei einem so

fetten Grundstücksgeschäft würden die keine Sekunde zögern. Für einen Musiker war es eine schlimme Verletzung; vielleicht würde sie nie mehr richtig verheilen. Dieses Risiko durfte man auf keinen Fall eingehen.

„Nun haben wir", sagte Mr. Sanford mit ernster Stimme, „alle Möglichkeiten mehrmals durchgespielt und wissen immer noch nicht, was wir machen. Sollen wir die Polizei einschalten oder die Anweisungen befolgen – also nicht hingehen und Corey die Sache einstreichen lassen?"

„Ich bleibe dabei", meinte seine Frau zum wiederholten Male, „Billis Musikerkarriere bedeutet mir mehr als jeder Park."

„Genau das aber ist das Problem. Jeder wird denken, daß ich klein beigegeben habe. Ich verliere meinen ganzen Einfluß dadurch."

„Das ist natürlich schlimm für uns, aber wir haben doch gar keine Alternative. Was könnte die Polizei überhaupt unternehmen? Wo sollen sie nach Bill suchen? Er kann ja überall sein, gleich nebenan oder auch fünfzig Meilen von hier. Es ist fast ausgeschlossen, daß sie ihn noch vor der Sitzung finden, denn kein Mensch weiß, wo wir Bill in den verbleibenden drei Tagen suchen können."

„Vielleicht kann ich helfen", hörte man eine junge, selbstbewußte Stimme im Hintergrund.

Mrs. Sanford fuhr auf. „Janie! Bist du die ganze Zeit hier gewesen? Es ist doch gleich zwölf, Kind!"

„Ich hab mir auch das Band mit Bills Stimme angehört – und daran herumgerätselt", verteidigte sich das Mädchen.

„Dies ist kein Ratespiel", wurde ihr Vater ungeduldig. „Das ist eine sehr ernsthafte Angelegenheit."

„Das ist mir doch auch klar."

Sie klang etwas vorwurfsvoll. Ihre Eltern mochte sie zwar sehr gern, sie wünschte sich aber oft, daß sie weniger mit Gefühlen und mehr mit dem Verstand an Probleme herangingen. Menschen, die unbesehen Fledermäuse und Insekten zu unangenehmen Geschöpfen erklärten, mußten eben noch viel lernen. Das dauert noch Jahre, sagte Janie zu sich selbst.

„Geh jetzt ins Bett", forderte sie Mr. Sanford auf. „Deine Mutter und ich haben ein schweres Problem zu lösen, dazu brauchen wir unsere Ruhe, liebes Kind. – Corey hat sich doch schon selbst ausgetrickst", fuhr er fort und wandte sich wieder seiner Frau zu. „Selbst wenn ich wegbleibe, verliert er die Abstimmung! Eine der Stimmen, auf die er zählte, die von Hugh Morton, wird er nicht bekommen. Hughie hatte in Redwood Hills einen Autounfall und kann nicht kommen. Das habe ich eben erst erfahren. Das bedeutet, die Abstimmung geht unentschieden aus, so daß die Stimme von Bürgermeister Leavitt den Ausschlag gibt. Und der ist für den Park; er ist ein ehrlicher, sehr engagierter Mann."

„Er riecht nach altbackenem Roggenbrot", ließ sich Janie wieder vernehmen.

„Was soll das denn!" empörte sich Mrs. Sanford.

Ihr Mann mußte trotz allem ein bißchen lächeln. „Irv Leavitt ist ein Freund von Kümmelschnaps. Als Janie ihn kennenlernte, war er schon ziemlich voll. Das Zeug riecht nicht nur wie Roggen, es schmeckt auch danach. Whisky ist mir jedenfalls lieber", meinte er noch.

„Daddy, mir ist etwas eingefallen, das kann bestimmt weiterhelfen."

„Also gut", wurde Mrs. Sanford versöhnlich, „es hat doch keinen Sinn, sie jetzt wegzuschicken, wo ihr etwas eingefallen ist." Dabei blickte sie ihren Mann an und sah, daß er einverstanden war. „Schieß los, Baby, damit wir dich wenigstens im Morgengrauen ins Bett bekommen."

Bei dem Wort „Baby" zuckte Janie zusammen. Doch dies war nicht der geeignete Zeitpunkt, um sich über ein anstößiges Wort aufzuregen.

„Ihr habt Billis Band angehört und habt alle wichtigen Geräusche darauf überhört."

„Was zum Beispiel?" fragte ihr Vater.

„Zunächst sind da die Grillen."

„Wieso die Grillen? Die gibt's doch überall!"

„Ja, aber es besteht eine einfache, unmittelbare Beziehung zwischen der Anzahl der Zirplaute pro Minute und der Außentemperatur. Das steht in dem Fachbuch von Lutz. Ich habe nachgerechnet und kam auf dreiundzwanzig Grad."

Die Eltern sahen sich erstaunt an.

„Damit wissen wir, wie warm es dort war, wo Bill das Tonband besprach. Doch hilft uns das weiter?" fragte Mrs. Sanford.

„Das ist bei dieser Hitze eine ziemlich niedrige Temperatur für einen Sonnenuntergang. Hier in der Nähe gibt es nur wenige Stellen mit so einer niedrigen Temperatur."

„Wie kommst du bitte darauf, daß das Band bei Sonnenuntergang besprochen wurde?" wollte Mr. Sandford wissen.

„Habt ihr denn nicht die Rotdrosseln gehört und die Amseln? Da die Grillen zu zirpen anfangen, wenn es dämmert, und die Vögel nachts ruhig sind, dachte ich eben..."

„Moment, ich hab's gleich, ganz so dumm bin ich ja auch nicht", sagte Mr. Sanford ungeduldig.

Und seine Frau fragte mit schon fast flehender Stimme: „Was sagt das alles über Bills Aufenthaltsort aus?"

„Dort gibt es auch Frösche", fuhr Janie unbeirrt fort. Mit ihren großen braunen Augen schaute sie abwechselnd ihre Mutter und ihren Vater an. „Rotdrosseln und Frösche beweisen, daß Wasser in der Nähe sein muß."

„Stimmt, das ist eine gute Beobachtung, Janie. Aber allzuweit bringt uns das auch nicht, fürchte ich..."

„Seit März hat es hier nicht mehr richtig geregnet", gab Janie zu bedenken. „Ihr wißt, wie ausgetrocknet die ganze Gegend ist. Es gibt nur noch ganz wenige Stellen in weitem Umkreis, wo noch Wasser zu finden ist. Wenn wir also Rotdrosseln haben und damit auch Binsengräser – die mögen das sehr – und Eisvögel dazu, habe ich mir überlegt..."

„Eisvögel?" Ihr Vater schluckte.

Ja, das sind kleine Vögel; einer ist im Hintergrund zu

hören. Es muß also bei der alten Larrabee-Ranch sein. Das ist ein riesiges Gelände mit vielen alten Gebäuden, mit Binsengräsern und Wassertümpeln; und es gibt dort auch ein kleines Tal, in das keine Sonne scheint. Wetten, daß es da ist! Kühle Luft fällt nach unten, während die warme steigt. Bill muß dort in dem Tal sein.«

»Fred«, sagte Mrs. Sanford, »sie hat recht.«

»Wir könnten doch Mr. Renfrew auf der Santa-Clara-Ranch anrufen«, schlug Janie vor. Er hat seine eigene Wetterstation und kann uns die Temperaturen durchgeben. Sein Grund grenzt ja unmittelbar an die Larrabee-Ranch.«

Mr. Sanford konnte nur noch staunen über den Scharfsinn seiner Tochter.

»Gleich morgen früh rufe ich Polizeichef Thompson an. Er soll das Gebiet durchkämmen lassen. Er wird mich vielleicht für verrückt halten, aber Janie kann wirklich recht haben. Wir haben nichts zu verlieren. Wenn Janie sich geirrt hat, was ich kaum glaube, weil sie doch die ganze Gegend sehr gut kennt, dann kann ich mich immer noch vor der Abstimmung am Montag drücken und damit Bill vor diesen Kerlen schützen. Und dann aber, großer alter Ed Corey, dann gnade dir Gott!«

Janies Theorie stimmte. Die Polizei unter der Führung eines ehemaligen Sheriffs kreiste das Gelände immer mehr ein. In einer zerfallenen Hütte stöberten sie Bill und zwei einfältige Typen auf, die ihn bewachten. Die Hütte lag in dichtem Buschwerk verborgen an einem kleinen Teich mit

Binsengräsern. Der Gesang der Rotdrosseln war überall rundum zu hören.

„Die Kerle wußten nicht einmal, in wessen Auftrag sie Bill bewachten", berichtete der Polizeichef später Mr. Sanford. „Ihr Sohn hatte eine Maske auf, auch als er das Tonband besprechen mußte. Das einzige, was sie mit Sicherheit sagen konnten", fügte er angewidert hinzu, „war, daß ihr Auftraggeber fürchterlich nach Roggenbrot gestunken haben soll. Ich glaube, die nehmen mich nicht für voll!"

Mr. Sanford sank die Kinnlade auf die Brust; er sah seine Frau an, deren Augen immer größer wurden. Janie quietschte vor Vergnügen. Ihr Kichern klang wie die Rufe der Singdrosseln, nur lauter.

„Wissen Sie was", Mr. Sanford konnte sich nicht mehr zurückhalten, „der Bürgermeister war's!"

„Wie bitte?" Der Polizeichef schluckte einmal kräftig.

Später stellte sich dann heraus, daß Bürgermeiser Leavitt finanziell in der Klemme steckte und sich für gutes Geld hatte bestechen lassen. Wenn Sanford sich der Stimme enthalten hätte, hätte das die Entscheidung bedeutet – gegen den Park.

Janie war leider nicht dabei, als ihr Bruder das Klavierkonzert spielte. Sie hatte etwas noch Wichtigeres zu tun: die Motten schlüpften nämlich gerade aus ihren Kokons. Mit traurigem Unterton verkündete sie es ihren Eltern: „Ihr wollt doch nicht im Ernst, daß die armen kleinen Dinger geboren werden, ohne daß jemand dabei ist!"

„Auf keinen Fall, Janie, nie und nimmer könnte ich das mit meinem Gewissen vereinbaren", meinte Mr. Sanford feierlich. Dann begleitete er seine Frau zur Tür. „Ich bin froh", sagte er ganz leise, „daß sie mit ihren elf Jahren noch nicht die ganz und gar nüchtern denkende Wissenschaftlerin ist." Und zu Janie gewandt, fügte er noch laut hinzu: „Alles Gute zum Muttertag, Janie!"

Das Monsterhirn

Automaten beherrschen unser Leben. Was immer wir tun, irgendwann kommen die Computer und nehmen es auseinander. Nehmen wir zum Beispiel unsere Unterschriftenzentrale: „Für jede Versicherungspolice, für jeden Schadensfall wird eine Lochkarte in den Computer gesteckt. Die meisten Daten, die er wieder ausspuckt, dienen rein statistischen Zwecken. Manchmal aber kommt etwas heraus, was nach Versicherungsbetrug riecht. Dann treten wir von der Nachprüfungsabteilung in Aktion...

Es war an einem Oktobermontag, meine Stimmung war auf dem Tiefpunkt. Unser Wochenende hatte wieder einmal im Streit geendet. Anita und das liebe Geld! Mein Angestelltengehalt reichte ihr hinten und vorne nicht. Sie träumte von einem Luxusleben und einem entsprechenden Mann, der es ihr garantieren würde. Sie war schließlich so in Wut geraten, daß sie es rundweg ablehnte, mich je zu heiraten. Und so kam ich also am Montag ins Büro.

Die blonde Sally im Vorzimmer sah gleich, daß es mir

schlecht ging. „Wenn Sie einen Kater haben, Mr. Quinn, dann reißen Sie sich mal rasch zusammen."

„Wieso Kater? Mein Gesicht verzieht sich immer so, wenn ich auf ein weibliches Wesen treffe. Was geht Sie außerdem mein Kater an?"

„Wieder das übliche Spiel, Streit mit der Freundin, wie? Der Chef möchte Sie sprechen."

Ich versuchte mich zusammenzunehmen und mein Gesicht etwas aufzuheitern, bevor ich zu ihm hineinging. Er brauchte nämlich zufriedene, freundliche Gesichter um sich.

Ed Morgan ist unser Abteilungsleiter: sechzig Jahre alt, graue Haare, ein Kleiderschrank von einem Mann. Zwanzig Jahre schon hat er den Posten inne, und oft genug hat er sein Gespür für Versicherungsbetrug beweisen können – er riecht förmlich, wenn etwas faul ist! Ich arbeite jetzt sieben Jahre unter ihm und gelte als sein zuverlässigster Mann.

„Setzen Sie sich, Ted", empfing er mich. „Ich habe eine Routinesache für Sie. Ich glaube nicht, daß etwas dabei herausspringt, ich habe nämlich noch nichts Verdächtiges finden können. Aber da nun mal die Computer-Leute die Daten rübergegeben haben, müssen wir der Sache nachgehen."

Wenn Ed Morgan aus den Angaben des Computers nicht auf einen Betrug schließen mochte, dann lag auch garantiert keiner vor. Andererseits hatten wir immer wieder damit Erfolg, daß wir statt auf einen offenen

Verdacht auf unsere Gründlichkeit setzten. Wir waren vielen Betrügern auf die Spur gekommen, weil wir alles und jedes nachprüften, was uns an den Schadensforderungen auffiel.

„Was hat sich das Monsterhirn diesmal ausgedacht?" fragte ich.

„Wie Sie wissen, wird die Todesursache auf den Karten festgehalten. Ein Statistiker hat sich die Mühe gemacht, die Todesursachen über einen Zeitraum von zwölf Monaten auszuwerten. Was Typhus betrifft, ist er dabei auf etwas Interessantes gestoßen. Typhus ist eine seltene Krankheit; im ganzen Staat gab es im letzten Jahr nur sieben Todesfälle wegen Typhus. Allein fünf davon ereigneten sich in einem einzigen Ort und alle waren über denselben Agenten – allerdings bei einer anderen Gesellschaft – versichert. Jede Versicherungspolice lautete auf die gleiche Versicherungssumme, nämlich zehntausend Dollar. Offensichtlich ist die Zentrale der Meinung, daß das Zusammenfallen von Todesursache, Versicherungssumme und Versicherungsagent in allen fünf Fällen Grund genug zur Nachprüfung sei."

Er reichte mir einen Stoß Papiere herüber, eine getippte Zusammenfassung der Daten aus den Computerkarten. Die fünf Verstorbenen waren: ein Einundachtzigjähriger, dessen Sohn anspruchsberechtigt war, drei Frauen, deren Ehemänner die Versicherungssumme kassierten, sowie ein achtzehnjähriger junger Mann, dessen Vertrag auf seinen Vater ausgestellt war. Alle fünf Versicherungen liefen bei verschiedenen Gesellschaften und waren von Paul Manners, einem Versicherungsagenten, ausgestellt worden. Alle Todesfälle hatten sich innerhalb eines Monats desselben Jahres, zwischen Mitte Juli und Mitte August, ereignet. Die Adressen der Toten und der Hinterbliebenen waren R. D. 1 bzw. R. D. 2, Heather Ridge.

„Offensichtlich eine Landgemeinde", sagte ich. „Wo liegt dieses Heather Ridge?"

„Ich wußte es auch nicht und mußte nachsehen", antwortete der Chef. „Heather Ridge hat siebenhundert Einwohner und ist Sitz der County-Verwaltung."

„Ich kenne auch kein Heather County."

Morgan mußte lächeln. „Das wundert mich nicht. Es liegt oben in den Bergen bei den Alkoholschmugglern. Der ganze Bezirk hat lediglich zweitausendfünfhundert Einwohner. Es gibt dort nicht einmal Asphaltstraßen, lediglich ein paar gut ausgebaute Wege. Eisenbahnverbindung existiert keine, zweimal wöchentlich kommt ein Bus durch. Sie fahren also am besten mit dem Wagen.

Rasch überflog ich nochmals die Papiere. „Derjenige, der uns das geschickt hat, hat ein Loch im Kopf. Warum sollte in dem Nest da oben im letzten Sommer nicht eine Typhusepidemie gewesen sein? Das passiert immer um diese Zeit. Dieser Paul Manners hat deshalb alle Policen ausgestellt, weil es außer ihm dort keine Agenten gibt; und daß die Summe immer die gleiche ist, beweist überhaupt nichts. Die meisten Lebensversicherungen laufen über zehntausend Dollar."

„Ganz meine Meinung. Doch haben wir nicht schon manchen Betrug mit noch weniger Anhaltspunkten aufgedeckt? In zwei Tagen sollten Sie herausbekommen haben, ob etwas faul ist oder nicht. Vielleicht brauchen Sie nicht einmal hinzufahren, wenn Sie die Unterlagen studiert haben."

„Okay", sagte ich, „ich mache mich gleich an die Arbeit."

Die blonde Sally im Vorzimmer sprach mich gleich wieder an. „Na, Sie sehen schon viel besser aus, Mr. Quinn. Haben Sie inzwischen eine bessere Meinung von den Frauen bekommen?"

„Keine Spur. Der Chef hat mir nur gerade eine schöne Aufgabe anvertraut. Wenn ich den Fall erfolgreich bearbeite, werde ich das Vergnügen haben, eine liebe kleine Witwe in die Gaskammer befördern zu lassen."

Ein boshafter Blick war ihre einzige Antwort.

In Blair City, das fünfzig Meilen entfernt lag, hatten die größeren Versicherungsgesellschaften ihre Büros. Dorthin fuhr ich, um die Akten zu allen fünf Fällen zu studieren.

Ich konnte nichts Verdächtiges entdecken. Es lagen vor: fünf Sterbeurkunden, beglaubigte Kopien aus dem Bezirksnotariat von Heather County, unterzeichnet von Notarin Emma Pruett. Alle Sterbeurkunden hatte Dr. Emmet Parks ausgestellt. Bei den Versicherungspolicen fiel mir lediglich auf, daß sie im Januar und Februar des vergangenen Jahres herausgenommen worden waren, und

daß die ärztlichen Atteste alle von Emmet Parks stammten. Wie sollte es auch anders sein? An einem so kleinen
Ort gab es eben nur einen Arzt.

Da war doch etwas, was ins Auge fiel ... Alle Versicherungsverträge waren erst vor relativ kurzer Zeit abgeschlossen worden. Ich mußte deswegen noch einmal zu
den Versicherungsagenturen fahren und darum bitten,
daß man überprüfte, was mit den freigewordenen Geldern
aus den Lebensversicherungen geschehen war. Welche
Überraschung! Die Anweisungen aller fünf Gesellschaften waren auf Dr. Emmet Parks ausgestellt worden; der
Arzt hatte sie dann bei einer Bank in Holoyke eingelöst.

Auf der Landkarte sah ich, daß Holoyke rund sechzig
Meilen von Heather Ridge entfernt lag. Warum wohl
waren alle Schecks auf den Arzt ausgestellt, und warum
fuhr dieser Mann sechzig Meilen weit, um sie einzulösen,
anstatt das Geld einfach in Heather Ridge abzuheben?

Als ich wieder zu Hause war, konnte ich in dieser Sache
nichts mehr unternehmen; es war zu spät geworden. Ich
telefonierte mit Anita, da ich mit ihr essen gehen wollte.
Sie war aber immer noch sauer auf mich und ließ mich
abblitzen.

Es wurde ein trauriger Abend, an dem ich unaufhörlich
darüber nachgrübelte, in welches Geschäft ich einsteigen
müßte, um endlich den finanziellen Ansprüchen von
Anita zu genügen. Doch mir fiel nichts ein. Meine Ausbildung war einseitig geisteswissenschaftlich orientiert gewesen; außer in Versicherungsverträgen kannte ich mich

nirgends richtig aus. Es hatte keinen Zweck, also ging ich ins Bett.

Am nächsten Tag suchte ich das Büro der Ärzteorganisation des Staates auf. Dr. Emmet Parks war seit zwanzig Jahren Mitglied dieser Organisation, offensichtlich ein angesehener Mann. Er war fünfzig Jahre alt und hatte stets in Heather Ridge seine Praxis gehabt. Im ganzen Bezirk war er der einzige Arzt.

Wenn es sich bei den Ansprüchen auf Lebensversicherung um Betrug handelte, dann hätte nur ein Massenmörder ihn inszenieren können. Es erschien mir höchst unwahrscheinlich, daß ein angesehener Arzt dabei mitmachen könnte. Außerdem war es noch unwahrscheinlicher, daß selbst ein einfacher Landarzt hintereinander fünf Morde als Typhusfälle fehldiagnostizierte. Da es fünf verschiedene Anspruchsberechtigte gab, wäre jeder von ihnen damit in einen Mord verwickelt.

Und doch war da Parks Unterschrift auf allen Zahlungsanweisungen – das machte mich stutzig. Ich beschloß, dieser Spur nachzugehen.

Nach dem Besuch im Büro der Ärztekammer informierte ich mich über den Versicherungsagenten Paul Manners. Erst vergangenen November hatte er seine Lizenz erhalten, was die relativ kurze Vertragsdauer der Lebensversicherungen noch verdächtiger machte. Da er vor November nicht befugt gewesen war, Versicherungsverträge abzuschließen, deutete alles darauf hin, daß er ein aggressiver Geschäftsmann war.

93

Aus den Akten ging hervor, daß er verheiratet und kinderlos war, daß er auf dem Gymnasium gewesen war und in den letzten fünfundzwanzig Jahren halb als Landwirt, halb als Verkäufer von landwirtschaftlichen Geräten in einem Geschäft in Heather Ridge gearbeitet hatte. In seinen Antragspapieren stand, daß er vorhatte, auch weiterhin in der Landwirtschaft zu arbeiten; seinen Nebenjob wollte er aufgeben, sobald er lizenzierter Versicherungsagent war.

Eine beglaubigte Geburtsurkunde, die ebenfalls den Stempel der Notarin Emma Pruett trug, nannte als seinen Geburtsort Heather Ridge.

Drei Referenzen lagen vor, die ihm alle einen einwandfreien Charakter bescheinigten. Die eine stammte von einem Pfarrer namens Donald Hartwell, die zweite von Bezirksrichter Albert Baker und die dritte von Dr. Emmet Parks.

Es war zwar allgemein üblich, den Hausarzt als Referenz anzugeben, falls eine angefordert wurde, doch allmählich kam es mir unheimlich vor, wie oft ich auf den Namen Dr. Emmet Parks stieß.

Ich schrieb alles auf, was ich in den Akten über Paul Manners finden konnte.

Anschließend fuhr ich zur Versicherungszentrale und ließ dem Computer eine Frage vorlegen. Durch seine Antwort veringerte sich mein Verdacht. Paul Manners hatte nämlich außer den fünf Typhusfällen weitere zwanzig Verträge abgeschlossen, die auf verschiedene Gesellschaften lauteten. Alle diese Leute lebten noch. War es nicht einfach so, daß er mit den Lebensversicherungen ein Gebiet aufgetan hatte, auf dem vor ihm niemand gearbeitet hatte? Er hatte auf diesem Neuland großen Erfolg, aber das Pech, daß gleich die Typhusepidemie ausbrach.

Wenn da nicht die fünf Unterschriften des Dr. Emmet Parks auf den Zahlungsanweisungen gewesen wären, hätte ich an dieser Stelle das Handtuch geworfen. Dieser Sache mußte ich nachgehen, und das ging nur in Heather Ridge selbst.

Mittwoch am späten Vormittag kam ich dort an. Das Städtchen lag gute vierzig Meilen abseits der nächsten Hauptdurchgangsstraße oben in den Bergen. Nur wenige Menschen lebten hier draußen. Ich fuhr dreißig Meilen auf einem unbefestigten Kiesweg, ohne daß ich ein Auto gesehen hätte. Außer den Telefon- und Stromleitungen am Wegrand ließ nichts darauf schließen, daß hier überhaupt jemand wohnte. Gelegenlich sah ich von weitem ein Bauernhaus oder eine Scheune; meistens jedoch fiel der Blick von der kurvenreichen Bergstraße auf Hügelketten, die dicht bewaldet waren.

Das Städtchen, das in einem Tal lag, war nach Amos Heather benannt, einem Trapper, der Mitte des letzten Jahrhunderts an dieser Stelle sieben Tage lang einem Indianerangriff standgehalten hatte.

In Heather Ridge kam ich mir vor wie in einem Film über das 19. Jahrhundert. Es gab da einen Marktplatz mit einem schlichten zweistöckigen Backsteinbau, dem

Gericht. Ein paar alte Männer in Winterjacken, Tabak kauend, hockten auf einer kleinen Mauer. Nur wenige verschlafen und verlassen aussehende kleine Geschäfte säumten den Marktplatz; niemand schien einzukaufen. Nur zwei Fahrzeuge konnte ich ausfindig machen, die beide vor dem Gericht parkten. Einen Kleinlastwagen von 1932 und ein T-Modell.

Stumm und neugierig schauten mich die Männer an, als ich mein Auto abstellte und ins Gericht hineinging.

Ich kam in einen langen Korridor, rechts und links die Büroräume. Da fast alle Türen offen waren, mußte ich immer kurz anhalten, um zu lesen, wer in den einzelnen Räumen saß. Das Büro des Sheriffs gleich links am Eingang war nicht besetzt, ebenso das gegenüberliegende des Distriktsanwalts. Dann kamen die Räume der Steuerbehörde, der Zulassungsstelle für Kraftfahrzeuge, des Syndikus, der Buchhaltung und des amtlichen Leichenbeschauers.

Schließlich entdeckte ich den Raum mit dem Schild *Bezirksrichter* sowie einen kleinen, gleichfalls leeren Gerichtssaal.

Nach etwa halbem Weg das erste Lebenszeichen: Hinter einem großen Schalter stieß ich auf die junge Frau, die die Telefonzentrale bediente. Sie war gleichzeitig für Auskünfte zuständig.

„Guten Morgen, ist das Gerichtsgebäude heute geschlossen?" fragte ich sie.

„Nein, wieso, was kann ich für Sie tun?"

96

„Wo finde ich denn jemand?"

„Keine Angst, die sind alle erreichbar." Dabei deutete sie auf ihr Schaltpult. „Ich kann innerhalb von zehn Minuten jeden Beamten, den Sie zu sprechen wünschen, herbeirufen. Warum sollten sie hier herumhängen, wo sie doch kaum etwas zu tun haben!"

Sie lachte über meinen erstaunten Blick. „Kommt Ihnen wohl ziemlich komisch vor, wie? Ich mußte mich auch erst daran gewöhnen. Seit einem Jahr bin ich hier, ich komme aus Holoyke. Als ich mich auf eine Anzeige hin als Sekretärin bewarb, wußte ich nicht, was mich hier erwartete. Ich bin praktisch Mädchen für alles, die Bezirksverwaltung in einer Person: Schriftführer im Gericht, Sekretärin des Bezirksanwalts, Syndikus, Leichenbeschauer, Zulassungsamt für Fahrzeuge, Telefonzentrale und die Auskunft. Ich heiße übrigens Emma Pruett."

Das war also die Frau, deren Notarsiegel ich auf allen Todesurkunden gefunden hatte. „Und außer Ihnen sitzt hier niemand? Sie arbeiten hier allein?" fragte ich sie.

„Nur wenn Bedarf ist. Im ganzen Bezirk leben doch nur zweitausendfünfhundert Leute. Alle Verwaltungsjobs außer meinem und dem des Sheriffs werden nebenamtlich ausgeübt. Der Bezirksanwalt hat zum Beispiel eine Rechtsanwaltskanzlei, der Syndikus einen Laden, der Leichenbeschauer eine Arztpraxis und so weiter. Keiner von ihnen verdient hier mehr als ein paar Dollar im Monat. Ich soll die Koordinationsstelle sein. Ich weiß stets, wo die einzelnen Leute zu erreichen sind, wenn etwas los ist.

Normalerweise ist der Sheriff da, im Moment ist er allerdings drüben im Restaurant."

Für eine Bezirksverwaltung waren das reichlich lockere Verhältnisse. Andererseits kamen so wenig Steuern herein, daß hauptamtliche Angestellte, die nichts zu tun hatten, sich überhaupt nicht lohnten.

„Wenn Sie die Sekretärin des Buchhalters sind, dann brauchen Sie meinetwegen niemand herbeizutelefonieren. Ich interessiere mich für ein paar Sterbefälle, die ich mir bestätigen lassen möchte. Es geht um Ansprüche an Versicherungen."

Ich reichte ihr meine Karte hinüber, die sie interessiert musterte. Dann stand sie auf, kam hinter dem Schalter hervor und ging mit mir auf den Korridor hinaus. „Bitte kommen Sie, Mr. Quinn."

Sie brachte mich zur Tür mit dem Schild *Buchhaltung*. Wir gingen hinein. Vor den Aktenschränken fragte sie mich: „Welches Jahr?"

„Dieses Jahr." Ich zog meine Liste hervor. „Der erste ist Herman Potter, verstorben am neunten Juli."

„An den kann ich mich erinnern", sagte sie und holte ein dickes Buch unter dem Schalter hervor. „Er war das erste Typhusopfer, erst achtzehn Jahre alt." Sie schlug die entsprechende Seite auf und drehte das Buch um, so daß ich den Eintrag sehen konnte.

Alles bis ins kleinste Detail stimmte mit meinen Aufzeichnungen überein. „Die nächste heißt Henrietta Skinner, fünfzehnter Juli."

Sie fand auch diesen Eintrag für mich, auch er stimmte überein. Dann kamen noch Mrs. Martha Colvin, Mrs. Helen Jordan und Abel Hicks, die am einundzwanzigsten Juli, am dritten beziehungsweise am neunten August gestorben waren. Alles stimmte.

„Danke sehr. Kennen Sie zufällig den Versicherungsagenten Paul Manners?"

Sie runzelte die Stirn, überlegte eine Weile und schüttelte dann den Kopf. Fast entschuldigend sagte sie noch: „Nein, kenne ich nicht, vom Sehen kenne ich jeden hier, aber die Namen kann ich mir nicht alle merken. Soll er hier wohnen?"

„Seine Adresse ist R. D. 1."

„Das wäre Ridge Road", meinte sie. „Er wohnt wahrscheinlich auf einer der Farmen da draußen. Ich kenne nicht alle Farmer der Gegend."

„Wie komme ich zu Dr. Emmet Parks? Ist sein Büro hier in der Nähe?"

„Der Doktor? Gehen Sie die Main Street hinunter bis zur nächsten Kreuzung. Da sehen Sie links ein großes Haus aus Holz. Sie können es praktisch nicht verfehlen, weil es gerade umgebaut wird. Der Doktor macht eine Klinik daraus, und es sind bestimmt Arbeiter am Haus. Außerdem ist gleich nebenan die Post."

Ich bedankte mich erneut und fuhr hin. Das Haus war tatsächlich leicht zu finden. Der Grundriß eines langgezogenen flachen Anbaus war an einer Seite zu erkennen; ein paar Arbeiter setzten gerade die Innenwände ein. Gleich gegenüber dem Anbau stand ein kleines Häuschen mit einem Schild über dem Eingang: Postamt.

Ich stellte mein Auto ab und ging auf die Haustür zu. Die Arbeiter hörten auf zu klopfen, und einer fragte mich: „Wollen Sie zum Doktor, der ist nebenan im Postamt."

In diesem Augenblick kam ein dürrer, älterer Mann mit einem Paket aus dem Postamt heraus, hinter ihm ein untersetzter Mann mit grauen Haaren und einem mächtigen Brustkorb; er hatte ein kurzärmeliges Hemd an und rauchte eine Pfeife.

Der ältere Mann warf sein Paket auf den Rücksitz eines Jeeps, der vor der Post geparkt war und setzte sich ans Steuer. Der Pfeifenraucher sagte noch: „Bis heute nachmittag, Joe." Da endlich blickte er herüber und sah mich vor dem Hauseingang stehen. Der Jeep fuhr ab.

Als er auf mich zukam, fragte ich: „Sind Sie Dr. Emmet Parks?"

Er nahm erst mal die Pfeife aus dem Mund, musterte mich von oben bis unten und lächelte mir freundlich zu. Er strahlte eine solche Heiterkeit aus, daß ich ihn spontan mochte.

„Der bin ich, mein Freund. Was führt Sie zu mir?"

Ich gab ihm meine Karte. „Ich würde gerne mit Ihnen über ein paar Sterbeurkunden sprechen, die Sie in der letzten Zeit ausgestellt haben. Es geht um Versicherungsprobleme."

Er las meine Karte und steckte sie dann in seine Hemdtasche.

„Bei dieser Klopferei können wir schlecht miteinander reden, kommen Sie rein", sagte er und zeigte auf die beiden Arbeiter, die wieder zu nageln angefangen hatten.

Wir gingen zusammen ins Haus. Der erste Raum war das Wartezimmer; es war leer. „Meine Praxis ist nicht gerade überlaufen, obwohl ich der einzige Arzt des Bezirks bin", erklärte er mir mit etwas trauriger Stimme. „Die Leute hier draußen strotzen nur so vor Gesundheit."

Wir waren in sein Büro gekommen. Er drehte einen alten Schreibtisch so hin, daß er sich mir gegenüber setzen konnte. Das Klopfgeräusch war selbst durch die Wände hindurch gut zu hören, es war jedoch so abgeschwächt, daß wir uns in normaler Lautstärke unterhalten konnten.

Dr. Parks zündete sich die Pfeife wieder an und fragte mich ganz direkt: „Sie sind siebenundzwanzig, Mr. Quinn, stimmt's?"

„Achtundzwanzig."

„Verheiratet?"

„Nein."

„Warten Sie bloß nicht zu lange damit! Es kommt der Punkt, wo Sie merken, daß es fürs Heiraten schon zu spät ist. Mir geht es so. Ich komme mir schon ganz verlassen vor in diesem großen Haus. Dabei wird es noch größer sein, wenn erst die Klinik fertig ist. Die Zeiten sind für mich vorbei, wo ich noch eine Frau hätte finden können. Die einzige Freude, die mir noch bevorsteht, ist die, daß ich ein einsamer alter Mann sein werde. Machen Sie ja nicht denselben Fehler."

Ich mußte an Anita denken. Ob ich es wohl schaffen würde, sie zum Heiraten zu bewegen, wenn ich einmal so alt war wie der Doktor?

„Ich will heiraten", sagte ich darauf, „doch meine Freundin will nicht so recht. Ich soll erst mal ein eigenes Geschäft aufbauen und mehr Geld verdienen, dann würde sie vielleicht mitmachen."

„Nehmen Sie sich vor Frauen in acht, denen das Geld locker sitzt, Mr. Quinn. Je mehr Geld Sie verdienen, desto mehr wird sie von Ihnen fordern."

„Bei dieser aber lohnt es sich bestimmt", versicherte ich ihm.

„Die Jugend mit ihren romantischen Gefühlen! Ich will Ihnen meine Ratschläge nicht aufdrängen, Mr. Quinn. Sie würden sie ohnehin nicht befolgen", meinte er noch, und seine Stimme klang wieder sehr traurig. „Um welche Sterbeurkunden handelt es sich denn?"

„Es sind die fünf Typhusfälle von Juli und August: Herman Potter, Henrietta Skinner, Martha Colvin, Helen Jordan und Abel Hicks. Sie hatten alle eine Lebensversicherung über zehntausend Dollar, jeder war bei einer anderen Gesellschaft versichert, und alle Verträge hat der Versicherungsvertreter Paul Manners vermittelt."

Er nahm einen Zug aus seiner Pfeife. „O je, und wo liegt das Problem?"

„Das Problem ist, daß alle fünf ärztlichen Atteste von Ihnen stammen und daß Sie auch die fünf Sterbeurkunden ausstellten."

„Aber sicher, das stimmt. Ich bin nun einmal der einzige Arzt weit und breit. Sie finden meine Unterschrift auch noch auf den Dokumenten des Leichenbeschauers. Diese Funktion übe ich hier auch aus."

„Ich weiß. Deshalb bin ich auch gar nicht hergekommen. Mich beschäftigt vielmehr folgendes: Wie erklären Sie es sich, daß sämtliche Zahlungsanweisungen der Versicherung auf Ihren Namen ausgestellt waren und daß Sie die Schecks bei einer Bank in Holoyke einlösten?"

Das schien ihn nicht sonderlich zu beeindrucken, im Gegenteil, es schien ihn zu amüsieren. „Und deswegen kommen Sie extra aus der Hauptstadt hierher, nur, um mir diese Frage vorzulegen. Hören Sie, junger Mann, ich habe sie ganz einfach deswegen in Holoyke eingelöst, weil ich dort mein Konto habe. In Heather Ridge gibt es keine Bank, die nächste ist nun einmal in Holoyke. Und daß die Schecks ausgerechnet auf mich ausgestellt wurden, das verstehen Sie wohl überhaupt nicht. Offensichtlich wissen Sie nicht allzuviel über das Leben hier."

„Stimmt, viel weiß ich darüber nicht. Mir fiel nur auf, daß das hier eine ziemlich rückständige Gegend ist."

„Die Zeit ist hier stehengeblieben, Mr. Quinn. Die Menschen in den Bergen lieben das weite Land und mißtrauen allem, was von draußen kommt. Es gibt hier riesige Farmen, aber das Land, das zu ihnen gehört, ist größtenteils landwirtschaftlich nicht nutzbar. Drei Viertel des Landes bestehen entweder aus dichtem Wald oder sie sind zu hügelig. Von der Ausdehnung her ist es der

siebtgrößte Bezirk unseres Staates, doch er hat die geringste Einwohnerzahl. Es kommt vor, daß die Farmer monatelang keine Menschenseele zu Gesicht bekommen außer
ihrer eigenen Familie. Die Außenwelt kümmert sich nicht
um sie. Denken Sie, es kommt auch nur einmal ein
Beamter der Schulbehörde in die Berge, um nachzusehen,
ob die Kinder auch die Schule besuchen? Hierher verirrt
sich bestimmt keiner. Wir haben wahrscheinlich fünfzig
Prozent Analphabeten hier draußen, doch nicht einmal
das wurde je untersucht. Verstehen Sie langsam, worauf
ich hinaus will?"

„Tut mir leid, nein", gab ich zu.

„Die Menschen aus den Bergen würden ihr Geld niemals
auf eine Bank bringen, daher brauchen wir hier auch keine
Bank. Sie verstecken das Geld unter dem Fußboden. Hier
weiß kaum einer, was ein Scheck ist, geschweige denn, daß
man ihn bei einer Bank einlösen kann. Sie ließen die
Schecks daher auf mich ausstellen, damit ich sie in
Holoyke einlösen und ihnen das Geld in Hundertdollar-
scheinen aushändigen konnte. Das ist alles."

„Oh, so einfach erklärt sich das Problem!"

Nach kurzer Überlegung fiel mir noch Paul Manners
ein. „Ja, ich glaube, der Fall ist geklärt, Dr. Parks. Da ich
nun schon einmal hier bin, würde ich ganz gern noch mit
Paul Manners sprechen. Wo kann ich ihn erreichen?"

„Nirgends. Er ist in Florida und verbringt dort mit seiner
Frau den Winter."

„Ist das so üblich hier?" stutzte ich. „Fahren die Menschen aus dieser Gegend tatsächlich in den Ferien nach Florida?"

Er mußte lächeln. „Nein, natürlich nicht, aber Paul schon. Der hat sich eine Goldgrube aufgetan, bloß weil er Versicherungsvertreter wurde. Er war der erste, der hier in dieser Richtung arbeitete. Außerdem stammt er von hier, ihm nehmen die Leute etwas ab. Wäre er von der Stadt gekommen, hätte er keine Chancen gehabt. Paul ist hier geboren und aufgewachsen, er kennt jeden einzelnen im Bezirk persönlich, und sie vertrauen ihm. Ich kann mir gut vorstellen, daß er von seinen Provisionen die Ferien in Florida finanzieren kann."

„Gut, offensichtlich besteht keine Notwendigkeit, auch noch mit ihm zu sprechen. Wir haben ja eine plausible Erklärung für alles gefunden."

„Sie sollten wirklich Ihre Untersuchungen weiterführen", meinte Dr. Parks. „Es kann doch sein, daß Ihre Vorgesetzten nicht mit diesem Ergebnis zufrieden sind, dann müßten Sie womöglich nochmals herkommen. Ich habe einen Vorschlag. Ich muß jetzt einen Hausbesuch machen und zwar ganz in der Nähe, wo die Familie Potter wohnt. Kommen Sie doch einfach mit und reden auch noch mit dem Vater des jungen Potter."

Ed Morgan wollte tatsächlich, daß man einer Sache gründlich nachging. Es konnte also nichts schaden, wenn ich wenigstens mit einem der fünf Geldempfänger sprechen würde. Ich könnte dann mit Sicherheit sagen, ob die Erklärung des Arztes, warum alle Schecks auf ihn ausgestellt gewesen waren, auch tatsächlich der Wahrheit entsprach.

„Einverstanden, ich komme mit."

Dr. Parks mußte bei einem Kind, das an Masern erkrankt war, einen Hausbesuch machen. Ich wartete im Wagen. Dann fuhren wir weitere vier Meilen die Ridge Road hinaus und hielten vor einer gut hergerichteten Farm.

Ein großer, grobknochiger Mann, etwa fünfundvierzig Jahre alt, kam aus der Scheune heraus, als der Doktor in den Hof fuhr. Eine Frau schaute hinter den Küchenvorhängen hervor, sie war aber zu schüchtern, um herauszukommen. Während wir im Hof standen, rührte sie sich in der Küche nicht von der Stelle.

Dr. Parks stellte mir Sidney Potter vor. Er war sehr scheu und verlegen – der Mann aus der Stadt irritierte ihn.

„Mr. Quinn kommt von der Versicherung, Sid. Er möchte dir ein paar Fragen stellen über Herman."

Sidney Potter redete mit trauriger Stimme. „Der Junge war erst achtzehn, Mr. Quinn. Ich habe die Versicherung auf ihn laufen lassen, um für ihn zu sparen. Er sollte später seine eigene Farm kaufen können. Ich habe noch einen Zwanzigjährigen, und diese Farm reicht nur für einen. Der Doktor erklärte mir, daß man mit Versicherungen Geld sparen kann, daß man nicht nur im Todesfall Geld bekommt. Deswegen habe ich das gemacht. Nicht etwa, um aus dem Tod meines Jungen Kapital zu schlagen."

„Klar, ich verstehe."

„Wir hatten alle die Krankheit, aber Gott der Herr wollte
es so, daß ich, Winnie und mein Ältester davonkamen, nur
Herman nahm er von uns. Der Doktor meinte, das Fieber
sei vom Brunnen gekommen. Er hat mir ein Mittel
gebracht, das wir hineingeworfen haben; seitdem hatten
wir keine Probleme mehr."

„Auch alle anderen waren vom Brunnenwasser angesteckt worden", erklärte Dr. Parks. „Sie waren alle bei mir
in der Untersuchung. Ich habe das Wasser regelmäßig
kontrolliert, nicht nur hier, auch in den übrigen Brunnen
des Bezirks. Nebenbei arbeite ich nämlich auch noch fürs
Gesundheitsamt."

Ich wollte wirklich Nägel mit Köpfen machen, nachdem ich schon so weit vorgedrungen war, und stellte Mr.
Potter noch eine Frage: „Mit dem Geld ging alles klar? Sie
haben die zehntausend Dollar von der Versicherung ord-
nungsgemäß bekommen, Mr. Potter?"

Ein argwöhnischer Blick war zunächst die einzige Antwort.

„Mr. Quinn arbeitet für die Versicherungsgesellschaft,
die dir das Geld überwiesen hat", half Dr. Parks nach,
obwohl es ja nicht genau stimmte. „Er möchte sich nur
vergewissern, daß du das Geld auch bekommen hast."
Dann wandte er sich an mich. „Wir haben hier zwar kaum
Diebe, aber natürlich verkündet niemand gern lauthals,
daß er eine größere Geldsumme im Haus hat. Außer mir
weiß niemand, daß Sid Geld von der Versicherung
bekommen hat. Verständlicherweise zögert er einem

Fremden gegenüber, das zuzugeben."

„Mr. Potter, ich versichere Ihnen, daß ich außer meiner Verwaltung niemandem etwas davon erzählen werde. Sie haben das Geld bekommen, ja?"

„Jawohl", antwortete er endlich widerstrebend. „Zehntausend Dollar, und vielen Dank auch noch. Der Doktor hat es für mich drüben in Holoyke abgehoben. Es ist gut versteckt, da können Sie sicher sein. Außer mir und Winnie wird es nie und nimmer jemand finden."

„Das ist alles, was ich von Ihnen wissen wollte. Meine Nachforschungen kann ich damit wohl endgültig abschließen, Doktor."

Wir fuhren weg. Dabei sah ich, daß die Frau noch am Küchenfenster stand und uns beobachtete. Als ich noch einen Blick zurückwarf, kam ein etwa zwanzigjähriger Junge gerade aus der Scheune heraus; auch er hatte uns wohl die ganze Zeit über beobachtet. Ich wies Dr. Parks darauf hin, so daß auch er zurückblickte.

„Das ist Sid junior, sein Ältester. Gegenüber Außenstehenden ist er genauso verlegen wie seine Mutter. Haben Sie übrigens gesehen, daß sie die ganze Zeit am Küchenfenster stand."

„Und ob. Allmählich wird mir klar, warum ein Versicherungsagent von außerhalb in dieser Gegend keine Chance hätte."

Zurück in der Stadt lud mich der Doktor zum Essen ein; es war nämlich schon nach zwölf Uhr. Am Marktplatz war ein kleines Restaurant, vermutlich dasselbe, in dem der Sheriff saß, als ich im Gerichtsgebäude nach ihm fragte.

Dr. Parks kannte natürlich jeden der Anwesenden und stellte mich ihnen einzeln vor. Der Sheriff war auch da. Tom Gaines hieß er, ein ziemlich dicker alter Mann. Bezirksanwalt Charles Hayes saß mit ihm am Tisch, außerdem eine Reihe von Farmern und Kaufleuten vom Ort. Wir setzten uns zum Sheriff und zu dem Anwalt.

Als wir bestellten, kam Emma Pruett herein. „Tag, Boss", begrüßte sie Dr. Parks. Dann lächelte sie zum Anwalt hinüber und sagte auch zu ihm: „Tag, Boss." Wir standen auf und boten ihr einen Platz an unserem Tisch an.

„Sheriff Gaines ist der einzige, der nicht mein Chef ist", meinte sie zu mir. „Sonst bin ich jedermanns Sekretärin oder Assistentin."

„Ach ja, Sie arbeiten ja auch für Dr. Parks, sagten Sie vorhin. Sie sind ja unter anderem auch die Sekretärin des Leichenbeschauers, nicht wahr?"

„Plus Sekretärin des Gesundheitsamtes, das er vertritt, plus Sekretärin des Syndikus, der er auch ist."

„Sie sind tatsächlich auch der Syndikus des Bezirks?" fragte ich den Doktor, denn das war ein Überraschung für mich. „Wir alle hier tragen mehrere Uniformen gleichzeitig", lächelte er mich an. „Syndikus ist gar kein schlecher Job; übrigens, man bekommt pro Jahr hundertzwanzig Dollar dafür."

„Unser Doktor ist auch Postbeamter", warf Anwalt Hayes ein. „Er schmeißt hier praktisch den Laden."

Die Post also auch noch. Überrascht schaute ich wieder zu Dr. Parks hinüber.

Der meinte nur: „Der Job ist wahrlich nicht einfach. Das Postauto aus Holoyke kommt täglich um zehn Uhr morgens. Manchmal bringt es bis zu zwölf Briefe und Päckchen. Ich brauche fünfzehn Minuten, um die Post zu sortieren, und ein Bursche namens Joe Hunsbands trägt sie dann aus. Joe sitzt tagsüber im Postzimmer, außer wenn er gerade austrägt. Er wiegt Päckchen, verkauft Briefmarken; etwa sechs Leute kommen täglich."

„Hier ist wirklich etwas los, stimmt's?" meinte Sheriff Gaines hämisch grinsend. „Im letzten Jahr hatte ich acht Festnahmen zu verzeichnen, alle wegen Trunkenheit oder Ruhestörung."

Wir fuhren nach dem Essen zu Dr. Parks zurück. Dort stand mein Auto. Ich verabschiedete mich und fuhr los. Als ich an den Marktplatz kam, um von dort aus auf die stadtauswärts führende Straße einzubiegen, fiel mir plötzlich etwas ein. Es war eine Bemerkung Sidney Potters und Dr. Parks' Kommentar dazu, als wir dort auf dem Hof standen. Unglaublich, wenn das stimmte! Ich änderte meinen Entschluß und hielt direkt vor dem Gericht.

Der Sheriff war zufällig mal in seinem Büro. Lächelnd grüßte er mich.

„Sheriff, kennen Sie Paul Manners?" fragte ich ihn.

„Manners? Nein, nie gehört."

„Das ist ein Versicherungsagent. Ich habe gehört, er wohnt irgendwo an der Ridge Road."

Er schien ehrlich verblüfft zu sein. „Ich kenne nur einen, der hier Versicherungen vermittelt, und das ist unser Doktor Parks. Mit mir hat er auch eine abgeschlossen."

So weit hätte meine Phantasie wirklich nicht gereicht. Und doch, es war die bestechend klare Antwort.

„Haben Sie vielen Dank, Sheriff."

Emma Pruett saß inzwischen wieder hinter ihrem Schreibtisch in der Auskunft.

„Darf ich Sie noch einmal wegen einer Akte behelligen?" fragte ich sie.

„Gewiß, gewiß, ich bin richtig froh, daß ich endlich mal wieder etwas zu tun habe."

Dann gingen wir zur Buchhaltung. Ich wollte die Eintragungen über Paul Manners überprüfen. Zunächst die Eintragung seiner Geburt. Als Geburtsdatum stand da der 2. April 1918. Als er die Lizenz als Versicherungsagent beantragt hatte, hatte er als Mädchennamen seiner Frau Gertrude Booker, als ihr Geburtsdatum den 4. Juni 1920 eintragen lassen. Tatsächlich, auch hier waren diese Daten verzeichnet.

Um zu sehen, wie gründlich der Doktor gearbeitet hatte, bat ich Emma nachzuschauen, wo das Heiratsdatum der beiden eingetragen sei. Ich wußte natürlich nicht, wann sie geheiratet hatten; es hätte um 1936 sein können, Gertrude wäre damals gerade sechzehn gewesen. Also fing Emma mit Jahrgang 1936 an. Wir fanden schließlich heraus, daß sie 1940 geheiratet hatten.

Dann ließ ich mir noch die Geburtseintragungen aller fünf Personen zeigen, für die die Versicherungssumme ausbezahlt worden war. Auch sie stimmten. Mir war klar, daß ich auch für den einundachtzigjährigen Großvater und die drei verheirateten Frauen Eintragungen zu ihren Ehepartnern sowie ihr Heiratsdatum finden würde, doch die Mühe konnte ich mir sparen.

„Gibt es im Ort mehr als einen Leichenbestatter?" fragte ich Emma.

„Nein, wir haben nur Gerald Boggs. Er wohnt ganz in der Nähe von Doktor Parks, an der East Main Street."

„Besten Dank, Sie haben mir sehr geholfen."

Ich fuhr kurz beim Leichenbestatter vorbei und dann gleich zu Dr. Parks. Er wunderte sich etwas, als er mich schon wieder sah; freundlich bat er mich wieder in sein Büro.

Wir setzten uns, er zündete sich wieder die Pfeife an. Dann fing ich an: „Ich war schon fast außerhalb von Heather Ridge, als mir plötzlich eine Bemerkung von Sidney Potter von heute morgen einfiel und auch das, was sie darauf erwidert haben. Potter sagte doch, Sie hätten ihm erklärt, Versicherungen mache man, um zu sparen und nicht allein wegen des Geldes, das im Todesfall ausbezahlt wird. Er hat nichts davon gesagt, daß Paul Manners ihm diesen Rat gegeben hat. Er sagte ausdrücklich, Sie seien es gewesen. Es wäre mir nicht weiter aufgefallen; es hätte ja sein können, daß Potter Sie um Ihren Rat gefragt hat, nachdem ihm Paul Manners zum erstenmal die Versicherung angeboten hatte. Doch dann, es war kurz darauf, erklärten Sie, außer Ihnen und Potter selbst habe niemand erfahren, daß er die Überweisung bekommen hat. Ist doch komisch, daß ausgerechnet Paul Manners, der die Versicherung abschloß und der bestimmt Potter half, seine Ansprüche geltend zu machen, nichts davon wissen soll, daß das Geld angekommen ist."

Der Arzt zog nervös an seiner Pfeife und starrte mich durch den Rauch hindurch an. „Paul habe ich ganz vergessen. Natürlich wußte auch er davon."

Ich grinste ihn an. „Sie werden wohl so lange kämpfen, bis Sie ausgezählt werden, Doktor. Ich bin gerade eben noch einmal im Gericht gewesen. Das mit den Akten ist wirklich eine starke Leistung. Laut Eintragung sind Paul Manners und seine Frau wirklich geboren, aufgewachsen und verheiratet worden. Auch die fünf, die an Typhus starben, sind mit ihren Lebensdaten in den Akten aufgeführt. Auf dem Papier lebten sie, sie wurden geboren, wuchsen auf, heirateten und starben schließlich. Außer dem jungen Herman Potter, natürlich. Der wurde wirklich geboren, wuchs auf und starb mit achtzehn tatsächlich."

Er zog die Augenbrauen in die Höhe. „Was reden Sie da für einen Unsinn?"

„Unsinn? Ich komme gerade vom Leichenbestatter! Er erinnert sich gut an das Begräbnis Herman Potters. Von den vier anderen Typhusopfern hat er allerdings nie etwas gehört."

Dr. Parks spitzte den Mund.

„Außerdem ist der Name Paul Manners weder Emma Pruett noch Sheriff Gaines noch Gerard Boggs bekannt. Ist das nicht merkwürdig, wo er doch der einzige Versicherungsagent im ganzen Bezirk war, der noch dazu hier geboren ist und immer hier gelebt hat? Sheriff Gaines sagte mir, daß Sie Versicherungen abgeschlossen hätten."

„Hm", brummte Dr. Parks vor sich hin.

„Das mit dem Besuch bei Mr. Potter haben Sie ganz geschickt gemacht. Der junge Potter starb ja wirklich an Typhus. Vermutlich hat Sie das auf die Idee gebracht, auch die anderen sterben zu lassen. Sie haben also eine Art privater Typhusepidemie inszeniert; zuerst versicherten Sie die Leute, dann ließen Sie sie wegsterben – Menschen, die nur auf dem Papier existierten."

Dr. Parks war die Pfeife ausgegangen. Er zündete sie wieder an und paffte vor sich hin.

„Warum haben Sie das mit dem Besuch bei Potter riskiert? Ich war doch schon dabei, wieder abzureisen. Der Angstschweiß muß Ihnen doch gekommen sein, als wir dort standen, immer in der Hoffnung, ich würde diesen Manners aus dem Spiel lassen. Und später im Restaurant, da müssen Sie doch noch mehr geschwitzt haben."

Da nahm er endlich die Pfeife aus dem Mund und schaute mich wehmütig an. „Das war impulsiv gehandelt, Mr. Quinn. Ich hatte nicht an alle Möglichkeiten gedacht. Ich nahm mir vor, ein für allemal Ihre Zweifel zu beseitigen, für den Fall, daß Sie in Zukunft noch einmal mit Versicherungsansprüchen aus dieser Gegend konfrontiert würden. Was Potter betrifft und die Möglichkeit, daß Sie ihm gegenüber von Manners sprechen, diese Gefahr wurde mir erst bewußt, als ich Sie schon eingeladen hatte. Da war es zu spät. Auch die Einladung zum Essen war ein Fehler. Ich habe es eigentlich gar nicht tun wollen, aber da ist meine angeborene Freundlichkeit, die wieder einmal mit mir durchgegangen ist."

Meine Gefühle ihm gegenüber waren sehr gespalten. Einerseits freute ich mich, daß ich ihn ertappt hatte, andererseits bewunderte ich ihn auch. „Das ist der am besten inszenierte Versicherungsbetrug, der mir je bekannt wurde, Dr. Parks", sagte ich zu ihm. „Sie haben völlig zu Recht angenommen, daß die Versicherungen solchen Forderungen gegenüber keinen Verdacht schöpfen würden: derselbe Arzt einer Landgemeinde untersucht die Bewerber, und er bescheinigt ihren Tod. Sie haben auch genau gewußt, daß sie es niemals schlucken würden, daß dieser selbe Dr. Parks auch noch die Versicherungen abgeschlossen hat. Daher schufen Sie sich einen gewissen Paul Manners, auf dem Papier wohlgemerkt, und bauten ihn zum Versicherungsagenten auf. Da Sie hier die Post in Empfang nehmen, die nach Heather Ridge hereinkommt, hatten Sie leichtes Spiel. Wenn zum Beispiel Briefe ankamen für Personen, die der sogenannte Manners als Referenzen angegeben hatte, haben Sie sie einfach nicht ausgehändigt. Sie haben gefälschte Antwor-

ten verfaßt und äußerst positive Referenzen zurückge-
schickt. Das haben Sie in zwei Fällen gemacht. Die dritte
Referenz stammt von Ihnen selbst, die brauchten Sie ja
nicht zu fälschen. Auf dieselbe Weise fingen Sie die
Zahlungsanweisungen der Versicherungen ab, die an die
fingierten Erben gerichtet waren. Haben Sie eigentlich
noch mehr solcher Versicherungspolicen auf nichtexi-
stente Menschen ausgestellt?"

„Ungefähr die Hälfte aller Verträge kam so zustande",
gab er leise zu. „Insgesamt habe ich nur etwa elf abgeschlossen. Die anderen sind bislang nur eine finanzielle
Belastung für mich. Ich war daher dabei, noch ein paar
Todesfälle in die Akten aufzunehmen."

„Warum haben Sie das alles getan? Ein Arzt wie Sie
dürfte doch genügend Geld verdienen."

„Haben Sie eine Ahnung! Hier draußen bezahlt man den
Arzt mit Naturalien, mit Eiern, Hühnern und derglei-
chen. Ich habe das Einkommen von der Post und die
Gebühren, die ich über die Tätigkeiten im Bezirk ein-
nehme, dringend gebraucht. Außerdem wollte ich ja die
Klinik bauen."

Nach einer kleinen Pause fügte er hinzu: „Zugegeben,
ein bißchen habsüchtig bin ich dann auch geworden. Nur
die Hälfte des Geldes legte ich für die Klinik beiseite, den
Rest habe ich für Reisen vorgesehen, die ich schon immer
machen wollte. Übrigens – für eine kleine Bestechung
werden Sie wohl nicht zu haben sein, oder?"

Da wurde es still zwischen uns. Schließlich sagte ich

leise: „Sie können es ja versuchen."

„Hm, an wieviel haben Sie gedacht?"

„Bevor wir über Zahlen sprechen, sollten wir überlegen, was ich in dieser Sache tun kann, außer daß ich natürlich meinen Mund halten werde. Wenn ich zum Beispiel in meinen Betrieb zurückkomme und ihrem Paul Manners eine blühende Gesundheit attestiere, dann ist es extrem unwahrscheinlich, daß man Sie je erwischen wird. Selbst wenn nochmals ein Verdacht aufkommen sollte, würde man mich als Nachprüfer herschicken, da ich mit der Materie bereits vertraut bin."

Wie herrlich er doch plötzlich lachen konnte! „Daß Sie sich so bereitwillig von mir bestechen lassen", sagt er, „hängt sicher mit Ihrer treuen kleinen Freundin zusammen. Bestimmt würde das Ihr Problem mit ihr nicht lösen, denn: Sie können heimbringen, soviel Sie wollen, sie wird immer nur noch mehr wollen. Aber das ist Ihr Problem. Wieviel?"

„Fifty-fifty. Wir machen halbpart, natürlich auch bei den vierzigtausend, die Sie schon haben."

Er spitzte die Lippen. „Fünfundzwanzigtausend davon habe ich für die Klinik reserviert. Dann muß ich die Prämien meiner fiktiven Versicherungsnehmer bezahlen, das ist eine ganze Menge. Ich sehe nicht ein, warum diese Ausgaben ganz auf meine Kosten gehen sollten. Es sind lediglich noch zehntausend da, die wir aufteilen können."

„In Ordnung. Ich bekomme jetzt sofort fünftausend, von allen weiteren Einnahmen die Hälfte abzüglich der

Versicherungsprämien. Zufrieden?"

„Es klingt erheblich besser als die Aussicht, ins Gefängnis zu kommen."

Ich stand auf und drückte ihm die Hand. „Sobald ich meine ersten fünftausend habe, werde ich hier verschwinden. Wir werden wieder voneinander hören."

Parks ging in sein Schlafzimmer und holte das Geld. Kurz darauf verabschiedeten wir uns herzlich. Ich hatte fünftausend Dollar in der Tasche und dazu die Aussicht, daß noch eine ganze Menge nachkommen würde.

Der einzige Zeuge

Marco summte vor innerer Erregung und hellem Entzük-
ken leicht vor sich hin, als er Timothy Watkins im Zustand
größter Not vor seiner Tür stehen sah. Nach außenhin
aber zeigte er sich betroffen und war sehr freundlich, als er
den völlig aufgelösten Timothy in seine Wohnung führte.

Alles sprach doch dafür, daß Timothy und er eng
miteinander befreundet waren. Als Marco einmal in Geld-
not steckte, ja, sein Geschäft kurz vor dem Zusammen-
bruch stand, sprang Timothy ein; er kaufte einige Anteile
aus seinem Geschäft und half ihm damit aus der Klemme.
Und da Timothy eine ehrliche Haut war und ein guter
Freund sein wollte, kam er seinerzeit auch gleich zu Marco
gerannt und erzählte ihm, daß wahrscheinlich Miss Sha-
ron Randall, ein hübsches brünettes Mädchen, Marco bald
weglaufen und mit ihm, Timothy, gehen würde.

Da stand er nun wieder vor seiner Tür, der Mann, den er
insgeheim mit seinem Haß verfolgte. Ein Blick genügte
Marco: Timothy sah schrecklich aus. Er war durchnäßt

und völlig verdreckt. Alle Farbe war aus seinem Gesicht gewichen. Seine Augen waren glasig, und er schien ganz von Sinnen zu sein. Marco wußte, daß Timothy heute abend bei Miss Randall zum Essen eingeladen war. Und er saß den ganzen Abend zu Hause herum und kochte vor Wut bei dem bloßen Gedanken daran, daß die beiden in intimer Abgeschlossenheit zusammen in ihrer Hütte am See unten saßen.

Aber jetzt heuchelte Marco tiefe Betroffenheit und führte Timothy langsam zum Sofa.

Timothy murmelte faßt unverständlich vor sich hin: „Entschuldigung, mir fiel niemand sonst ein – mußte es einfach jemandem sagen, am besten ich gehe..."

Dabei wollte Timothy aufstehen. Marco drückte ihn jedoch aufs Sofa zurück. „Komm, mach keinen Unsinn", sagte er. Er war brennend daran interessiert, zu erfahren, was Timothy zugestoßen war. Am liebsten hätte er die Tür von innen abgeschlossen, damit Timothy ihm bloß nicht entkommen konnte. „Es war gut so, daß du gekommen bist", fuhr er fort. „Beruhige dich erst mal, und dann sagst du mir, was eigentlich los ist."

Timothys Erregung ließ jedoch kein bißchen nach. Marco wollte etwas nachhelfen und holte eine Flasche Whisky aus einem Schrank. Als er Timothy das gut gefüllte Glas gab, setzte der gleich zu einem kräftigen Schluck an. Vor lauter Dankbarkeit lächelte er schon wieder ein wenig. In sein Gesicht kehrte Farbe zurück.

Endlich fing er auch zu reden an. „Marco", flüsterte er

mit Leidensmiene, „ich habe jemanden getötet."

„Was!"

„Einen fremden Mann, habe ihn nie zuvor gesehen. Ich habe ihn auch nicht dort stehen sehen. Ich habe erst dann was bemerkt, als ich ihn überfuhr."

Die ganze Bitterkeit, die Rachegefühle, die Marco soeben noch erfüllt hatten, all das war wie weggeblasen. Seine Miene war ernst geworden, er schien sich wirklich Sorgen zu machen. Er setzte sich zu Timothy und legte ihm den Arm um die kräftigen Schultern, die voller Sand waren.

„Willst du mir nicht erzählen, wie das alles passiert ist, Timothy? Aber bitte von Anfang an.

Timothy sträubte sich dagegen. Er hätte am liebsten kein Wort mehr gesagt. „Ich möchte dich nicht hinein..."

„Hör auf mit diesem Unsinn", sagte Marco und klopfte ihm leicht auf die Schulter. „Dazu sind Freunde schließlich da, oder?"

Timothy steckte wohl so tief in Nöten, und Marco war ja so freundlich und entgegenkommend, daß er kaum noch die Tränen zurückhalten konnte. „Miss Randall und ich..., wir tranken vor dem Essen einen Cocktail und hinterher noch ein, zwei Gläschen. Mir fehlte nichts, als ich von ihr wegging. Nie und nimmer war ich betrunken, natürlich auch nicht ganz nüchtern. Woher sollte ich denn wissen, daß ein Menschenleben in meiner Hand war?" Er schloß die Augen und zitterte am ganzen Körper.

„Du bist also bei Miss Randall gewesen und dann

heimgefahren, Timothy, stimmt's?"

„Ja, ich fuhr so vor mich hin, dachte an sie und an unseren gemeinsamen Abend. Den Lastwagen vor mir sah ich an der Kreuzung anhalten und wieder anfahren. Jetzt weiß ich, daß er jemanden aussteigen ließ, den er mitgenommen hatte. Der Fahrer mußte wohl nicht bis zur Stadt, aber offensichtlich der andere; deshalb stieg er an der Kreuzung aus.

Ich... ich sah ihn erst gar nicht. Erst als ich die Kreuzung überquert hatte... Plötzlich stand er vor mir und winkte; er dachte wohl, ich könnte ihn mitnehmen.

Ich trat auf die Bremse, und mein Wagen geriet leicht ins Schleudern. Ich dachte noch, jetzt überschlägst du dich gleich. Ich hatte meine Geschwindigkeit unterschätzt. Ich riß das Steuerrad herum. Der Wagen prallte gegen die Einfassung des Gehsteigs, und dann... dann hörte ich nur noch einen dumpfen Aufprall...

Endlich gelang es mir, das Fahrzeug zum Halten zu bringen. Als ich ausstieg, sah ich nirgends den Mann, der mit mir fahren wollte. Es war plötzlich, als sei dieser schlanke, leicht nach vorne gebeugte Bursche in Jeans und Jacke ein Phantasiegebilde von mir gewesen, ein Spiegelbild im Regen. Nichts weiter.

Doch dann kam es mir wieder, dieser fürchterliche Knall! Ich zitterte am ganzen Leib, holte schnell die Taschenlampe aus meinem Handschuhfach und lief hinaus..."

„Und? Hast du ihn gefunden?"

„Ja." Timothy verfiel in einen traurigen Tonfall und hielt sich die Hände vors Gesicht. „Er lag in einem Busch an der Straßenböschung. Er blutete stark am Kopf – mir war sofort klar, daß er tot war."

„Wieso warst du so sicher? Bist du zu ihm hingegangen und hast ihn dir angesehen?"

Langsam nahm Timothy wieder seinen Kopf hoch. „Nein, erst jetzt kommt mir der Gedanke. Nachdem da so viel Blut war... ich muß wohl einen Schock gehabt haben. Ich war ganz benommen und konnte keinen klaren Gedanken fassen. Trotzdem, er kann unmöglich noch am Leben sein nach diesem harten Aufprall."

„Hast du irgendwelche Spuren hinterlassen, irgend etwas, was man mit dir in Verbindung bringen könnte?"

„Ich..., keine Ahnung."

„Dann werden wir einfach mal nachsehen."

„Marco, ich möchte dich da nicht hineinziehen..."

„Ach was, was heißt schon hineinziehen?" meinte Marco, wobei er das Gesicht von Timothy abwandte, damit dieser das Funkeln in seinen Augen nicht sah. „Wir sind doch immerhin Freunde und Geschäftspartner."

Timothy stand nun langsam auf und sagte: „Dabei dachte ich immer, daß du mich überhaupt nicht magst. Tief in deinem Inneren, weißt du. Es hätte doch gut sein können, daß du mir vorwirfst, ich hätte dir deine Freundin weggenommen."

„Nun hör aber auf, Timothy! Hast du mir wirklich nicht mehr zugetraut?"

Die Straße lag dunkel und verlassen da, ein rutschiges, nasses Band. Vorsichtig hielt Timothy an. „Da drüben ist es, Marco", flüsterte er. Dabei gab es gar keinen Grund, so leise zu sprechen. „Auf der anderen Straßenseite. Ich fuhr ja vorhin in die andere Richtung."

Marcos Regenmantel raschelte, als er vorsichtig aus Timothys Wagen ausstieg. In seiner rechten Hand hielt er die Taschenlampe. „Laß das Standlicht brennen, und wenn du ein Auto kommen siehst, steigst du aus und machst die Motorhaube auf. Dann sieht es so aus, als hättest du eine Panne."

„Marco..." Weiter kam Timothy nicht.

„Ist schon gut, du kannst mir auch nachher noch Dankeschön sagen."

Marco überquerte mit raschen Schritten die Straße und ging langsam die Böschung hinunter. Von der Straße aus konnte man ihn nicht mehr sehen. Im Licht der Taschenlampe konnte er erkennen, daß es eine rauhe Gegend war; der Pflanzenwuchs war spärlich. Seine innere Erregung wurde immer größer. Ganz ohne Zweifel – dies war die Chance seines Lebens! Er würde nicht nur seine Freundin zurückbekommen, auch sein Geschäft stand mit einem Mal wieder gut da. Er mußte lediglich ein paar freundschaftliche Gefühle niederkämpfen, sie einfach wegstekken, und dann... Ja dann würde er ganz einfach zur Polizei gehen, noch bevor es Timothy möglich war, die Leiche wegzubringen. Er, Marco, war eben ein Bürger, der die Gesetze achtete.

Das Tollste an der Geschichte war, daß Timothy, das Unschuldslamm, sich selbst das alles eingebrockt hatte. Hätte er den Mund gehalten, niemand hätte etwas bemerkt.

Nun aber gab es für ihn kein Zurück mehr.

Bald jedoch wurde Marco unruhig. Seine Begeisterung schlug fast schon in Ärger um: von einer Leiche keine Spur! Er schwenkte die Taschenlampe noch schneller von einer Seite auf die andere. Wo steckte denn dieser Bursche, dieser angebliche Tote, der Marco all das zurückbringen würde, was Timothy ihm weggenommen hatte? Marco ließ den Lichtkegel gerade über besonders dichtes Gebüsch gleiten. Da war es! Er hielt die Lampe immer auf die gleiche Stelle gerichtet und näherte sich ihr. Ein Fluch entfuhr ihm.

Er zweifelte nicht daran, daß der junge Mann nach dem Zusammenstoß bis hierher geschleudert worden war. Timothy hatte ihn hier liegen sehen. Die Spuren waren eindeutig: abgebrochene Zweige und zerdrücktes Gras. Man sah, daß dort ein Mensch gelegen hatte. Man konnte auch deutlich die Spur sehen, die der Verletzte hinterlassen hatte, als er sich weggeschleppt hatte.

Allmählich dämmerte es Marco, daß er sich hatte täuschen lassen. Er konnte genau die Stelle erkennen, wo der Mann sich wieder aufgerappelt hatte, wo er mühsam wieder auf die Beine gekommen war. Ein paar Meter weiter fand er ein zerfetztes Taschentuch mit Blutflecken. Hier hatte er wohl seine Verletzung befühlt und gemerkt, daß er wieder zu Kräften gekommen war.

Schnell arbeitete sich Marco weiter vor. Er hoffte, daß der Mann so schwer verletzt war, daß er doch noch in Ohnmacht gefallen war. Alle seine Sinne waren voll darauf konzentriert, jetzt endlich den toten Mann zu finden.

Doch daraus wurde nichts. Der Mann, der per Anhalter gereist war, hatte sich offensichtlich rasch erholt und war verschwunden. Marco wurde immer klarer, daß seine Hoffnungen enttäuscht worden waren. Er hörte auf zu suchen und sagte vor sich hin: „Diese Penner sind einfach nicht totzukriegen." Bestimmt hatte ein Autofahrer den Verletzten aufgegriffen. Und jetzt lag er bequem und sicher im Krankenhaus und ließ sich gesund pflegen. Niemand würde sich groß darum kümmern, daß er angefahren worden war. Wenn er wieder gesund war, schickten sie ihn einfach weg.

„Marco?"

Marco hob den Kopf und blickte nach oben. Da sah er Timothys Schatten am Straßenrand.

„Marco, was ist los? Wo steckst du denn?"

Er hörte den Ton der verhaßten Stimme und mußte sich gewaltig zusammenreißen. Bis zum heutigen Abend war ihm nicht bewußt gewesen, wie stark der Wunsch in ihm war, Timothy aus dem Weg zu räumen. Und dann schien sich ihm auch noch diese günstige Gelegenheit zu bieten...

Da hatte er plötzlich einen Einfall. Timothy konnte ja überhaupt nicht ahnen, daß er hier unten an der Böschung ganz allein war! Ohne die Taschenlampe wieder anzumachen, rief er Timothy leise zu. „Geh ruhig zum Auto zurück, Timothy. Wenn du so dastehst, fällst du bloß den Autofahrern auf, die hier vorbeifahren. Ich komme ja gleich.

Nach dieser Schelte zog sich Timothy zurück. Als Marco wieder zurückkam, saß er brav hinter dem Steuerrad.

„Wir müssen so schnell wie möglich weg von hier, Timothy!"

„Was hast du bloß so lange da unten gemacht?"

„Was heißt hier lange? Es kam nur dir so vor, als wäre es lange gewesen. Ich mußte den Burschen doch erst mal finden. Dann habe ich hin und her überlegt, was wir am besten mit ihm machen. Erst wollte ich ihn wegschaffen und habe eine geeignete Stelle gesucht, wo wir ihn hätten verstecken können."

„Dann ist er also..."

„So tot wie ein abgebranntes Streichholz, Timothy."

Ein schwerer Seufzer brach aus Timothy hervor. Sein Kopf hing schwer über dem Lenkrad.

„Glaub mir, es tut mir ehrlich leid", meinte Marco.

„Ich bin ein Mörder, Marco!"

„Ganz so würde ich..."

„Ein Mörder!" Timothy ließ sich nicht beschwichtigen. Er fing plötzlich an, mit seinen Händen auf das Lenkrad zu schlagen. „Ich bin zum Mörder geworden! Niemand kann das aus der Welt schaffen..."

„Nun ist es aber genug. Wir müssen etwas unternehmen, bevor es zu spät ist."

Timothy schluchzte nun immer heftiger. „Ich war immer ein anständiger Kerl, der nie etwas Verkehrtes angestellt hat. Und von einer Sekunde zur anderen bin ich zum Killer geworden. Nie wieder werde ich ein normales Leben führen können."

„So ist es, Timothy. Aber so tragisch das ist, du mußt mit diesem Gedanken ganz einfach fertig werden."

„Marco, ich habe Angst vor der Polizei."

„Mach dir deswegen keine Sorgen. Du wärst ja dumm, wenn du dich ihnen stellen würdest. Du hattest Alkohol im Blut, als du den Burschen überfahren hast. Die werden dir die Hölle heiß machen!"

Timothy lief ein Schauer über den Rücken. Er schlug mit der Stirn auf das Lenkrad.

„Nun reiß dich doch zusammen, Mensch!" Marco klopfte Timothy ermunternd auf die Schulter.

„Es gibt einen Ausweg."

„Glaubst du wirklich?"

„Aber sicher, und ich helfe dir, Timothy?"

„Wie?"

„Wir fahren jetzt in meine Wohnung zurück und holen dort alles, was ich an Bargeld zu Hause habe. Du hast einen großen Vorsprung, denn es dauert lange, bis sie den Burschen finden werden. Dich aber werden sie nie mehr finden."

„Du meinst, ich... ich soll abhauen?"

„Es ist das allerbeste für dich, Timothy."

„Aber da verliere ich doch meinen Geschäftsanteil und dazu meine Freundin."

„Geschäfte gibt es anderswo auch und Mädchen sowieso. Aber die nächsten zwanzig Jahre deines Lebens, die hast du nur einmal, Timothy. Willst du sie einfach wegwerfen?" Marco zuckte fragend mit den Achseln. „Ich versuche dir bloß zu helfen, das zu retten, was noch zu retten ist. Ich sehe für dich keine andere Möglichkeit, als ganz schnell von hier zu verschwinden. Du fährst weit weg und kommst nie wieder zurück. Außerdem ist das Ganze auch wieder nicht so schlimm. Du bist nicht der erste, dem so etwas passiert ist."

Timothy beruhigte sich nach und nach. Er setzte sich aufrecht hin, griff nach dem Zündschlüssel und ließ den Wagen an. Marco war froh, daß es dunkel war. Man konnte nicht sehen, wie freudig erregt er aussah.

Nachdem sie bei Marcos großem Wohnblock geparkt hatten, fuhren sie mit dem Lift die fünf Stockwerke hinauf zu Marcos Wohnung. Er schloß auf und machte im Wohnzimmer das Licht an.

Freundschaftlich nahm er Timothy am Oberarm. „Nimm es nicht so tragisch, Timothy. Du wirst irgendwo tausend Meilen von hier ein neues Leben unter einem neuen Namen beginnen, und das hier wird dir wie ein schlechter Traum vorkommen... Wart einen Moment. Ich seh mal nach, wieviel ich für dich lockermachen kann."

Timothy war immer noch etwas benommen; er ging zum Fenster, öffnete es und sog die frische Luft tief ein. Es hatte aufgehört zu regnen. Die Nacht war ruhig, die Luft klar.

Marco kam zurück. „Hier sind fünfhundert Dollar, Timothy. Viel ist es nicht, aber wenn du sparsam damit umgehst, wird es dir auf jeden Fall weiterhelfen. "

Timothy nahm das Geld und betrachtete es mit einem Gesichtsausdruck, als ob er gar nicht wüßte, was er da in der Hand hielt. Dann steckte er es in die Tasche. Der unterste Teil seines Gesichts verzog sich zu einem leichten Lächeln. „Mörder...", murmelte er dabei. „Weißt du, Marco, wenn man den ersten Schock überwunden hat, dann sieht man wieder viel klarer, auch wenn man ein Mörder ist. "

„Du darfst einfach nie daran denken, Timothy", riet ihm Marco.

„Das geht nicht. Wenn man einmal getötet hat, dann bekommt das Leben für so einen Menschen einen ganz neuen Wert. Oder vielleicht auch nicht... "

Marco fühlte sich allmählich nicht mehr wohl in seiner Haut. „Timothy, du solltest wirklich jede Minute nutzen, um so weit wie möglich von hier wegzukommen... "

„Der Gedanke, daß ich mein Geschäft und meine Freundin verlieren soll, macht mich ganz krank, wirklich. Vor allem auch deshalb, weil es eigentlich nur eine einzige Sache gibt, die mich in Verbindung mit dem toten Anhalter bringen könnte. Der Regen hat die Spuren meiner

130

Reifen längst weggewaschen. Die Schuhe verbrenne ich einfach, falls ich überhaupt Fußspuren hinterlassen habe. Da bleibt dann wirklich nur noch eines übrig, Marco. Und das bist du – der einzige Zeuge."

Bevor Marco etwas sagen konnte, hatte Timothy ihn schon gepackt. Als Marco am Umfallen war, ergriff Timothy ihn an den Schultern und zerrte ihn zum offenen Fenster. Dann schob er mit dem Fuß den kleinen Bastteppich vom Fenster weg. Der Fenstersturz sollte schließlich eine einleuchtende Erklärung haben. Ja, jeder, der es sah, würde sofort auf den Teppich tippen – wie tragisch, daß er unter Marco weggerutscht war.

Das Wunder

Paul Melcor und ich steckten mitten in einer Auseinander-setzung, bei der es um viel Geld ging. Oder sind etwa zweihundertfünfzigtausend Dollar eine Kleinigkeit? Nur Millionäre und Leute, die nicht bis drei zählen können, würden so etwas behaupten.

Worum ging es? Paul Melcor wollte das Geld von der Versicherungsgesellschaft einstreichen, für die ich arbeite. Und ich wollte ihn daran hindern. Weil ich – und jetzt kommt das Problem – der festen Überzeugung war, daß Paul Melcor nicht ganz astrein war, es aber nicht beweisen konnte. Vielmehr stand ich mit meinem Verdacht allein auf weiter Flur.

Da war zunächst einmal..., halt, nein, ich hatte ja schon vorher eine ungute Ahnung gehabt. Da war also die Blondine, die im Zusammenhang mit dem Fall Melcor auf der Bildfläche erschienen war und sofort meinen Verdacht erregt hatte.

Man muß wissen, ich bin Zyniker. Irgendwann wird es

132

wohl jeder im Versicherungsgeschäft. Man kommt so weit, daß man niemandem mehr über den Weg traut. Man kommt immer mehr zu der Überzeugung, daß jeder, jawohl jeder, mit dem man zu tun hat, nichts anderes im Sinn hat, als einen auszunehmen. Aber selbst wenn ich Idealist wäre, könnte ich es kaum glauben, daß sich diese schöne Blondine nur aus Liebe mit einem Mann zusammengetan hat, der sein Leben lang ein Krüppel bleiben würde.

Glaubwürdiger wäre die Sache gewesen, wenn Paul Melcor ein Todeskandidat gewesen wäre. Die Blondine hätte dann damit rechnen können, daß ihr in nicht allzu ferner Zukunft die Viertelmillion zufällt. Aber so war es nicht. Paul Melcor war schwer verletzt worden. Ein Unfall hatte ihn zum Krüppel gemacht – seine Lebenserwartung war aber genauso hoch wie die meinige. Daher konnte er den großen Coup landen: für Schwerverletzte kann man nämlich mehr abkassieren als für Tote!

Die fragliche Blondine hieß Gay France, zumindest gab sie sich als solche aus. Sie arbeitete in einer Bar im Varietéprogramm, hatte lange, schlanke Beine und ein wahres Puppengesicht. Auf den ersten Blick sah sie wie die Unschuld persönlich aus. Aber dann – ihre Augen: blaue Farbe, aber nicht von der milden Sorte, blauer Winterhimmel. Von Sommerhimmel keine Spur. Mein Fall war Gay France mit Sicherheit nicht, selbst wenn ich mir eine solche Superfrau hätte leisten können.

Zum Prozeß erschien sie natürlich nicht. Paul Melcor

war ja clever. Er war zwar damals schon mit ihr liiert, nach außen war davon jedoch nichts zu sehen. Diese Frau hätte vom eigentlichen Streitpunkt nur abgelenkt, das Gericht hätte leicht vergessen können, worüber es zu befinden hatte.

Melcor selbst war natürlich auch nicht während der gesamten Prozeßdauer im Gerichtssaal anwesend. Die Verhandlung selbst war langweilig; Zeugenaussagen, ärztliche Gutachten und so weiter. Nur einmal kam er. Er wollte sich den großen Auftritt nicht nehmen lassen: Auf einer Bahre trugen sie ihn herein, damit das Gericht sich davon überzeugen konnte, über was für ein menschliches Wrack es zu entscheiden hatte. Wirklich sehr eindrucksvoll.

„Meine Damen und Herren Geschworenen", fing Melcors Anwalt sein Plädoyer an – er stand direkt neben der Bahre –, „hier sehen Sie das schreckliche Ergebnis jenes tragischen Unfalls. Paul Melcor war vorher ein gesunder Mensch, der genauso wie Sie und ich auf seinen beiden Beinen herumgehen konnte. Er erfreute sich guter Gesundheit – doch das war einmal. Er wird nie mehr aufstehen können. Er wird nie mehr auch nur einen einzigen Schritt gehen können. Er ist dazu verurteilt, sein restliches Leben bewegungslos liegend zu verbringen, über all die langen Jahre hin, die sein unglückseliges Dasein noch andauern wird..."

In diesem Stil redete er weitere fünf bis zehn Minuten. Es war ein Anwalt, der geschickt an Gefühle appellierte.

Und Melcor, der Hauptdarsteller, lag auf seiner Bahre und lachte sich ins Fäustchen. Er wußte genau, daß die Sympathien der Geschworenen auf seiner Seite waren. Bestimmt plante er insgeheim schon, was er mit dem ganzen Geld anfangen würde.

Gewiß, es war ein richtiger Unfall gewesen. Der Kunde meiner Gesellschaft war eine Speditionsfirma, die auf Schwertransporte spezialisiert war. Ein solcher Schwertransporter kann ganz schön furchterregend sein, was im Prozeß nicht unerheblich war. Ein Monster aus Metall gegen einen Menschen.

Paul Melcor war als Vertreter unterwegs gewesen. Er war keiner von der Sorte, die ihre Geschäfte in irgendwelchen teuren Hotelbars abwickeln. Er mußte sich die Hacken abrennen, um Aufträge zu bekommen. Damals ging er also gerade auf dem Bürgersteig, ganz normal. Er ging nicht über die Straße, war nicht unvorsichtig, machte keinerlei Fehler – was übrigens auch stark für ihn sprach. Es kam aber so, daß die Bremsen des Transporters versagten, er in einer Kurve ins Schleudern geriet, den Gehsteig streifte und Paul Melcor gegen eine Mauer preßte.

Kein Mensch wird bestreiten wollen, daß es schrecklich sein muß, von einem riesigen, beladenen, dreißig Tonnen schweren Ungetüm gegen eine Mauer gedrückt zu werden. Andererseits ist meine Versicherungsgesellschaft doch nicht verpflichtet, jedesmal zu bezahlen, wenn jemand beim Anblick eines Schwertransporters in Schrecken versetzt wird. Zweitausend allenfalls für irgendwelche seelischen Schäden lasse ich mir noch gefallen. Das große Geld aber gibt es nur, wenn tatsächlich eine Verletzung nachgewiesen wird.

Und damit sind wir beim entscheidenden Punkt. Wie schwer – wenn überhaupt – war Paul Melcor wirklich verletzt? Rein äußerlich waren nur ein paar Kratzer festzustellen, macht noch mal zweitausend von mir aus. Wir hätten uns zwar gewunden, aber am Ende hätten wir doch bezahlt. Paul Melcor aber behauptete nichts Geringeres, als daß er gelähmt sei!

Die Ärzte, das wurde mir bei diesem Fall klar, wissen auch nicht alles. Mindestens sechsmal wurde Melcor untersucht. Von abgeklemmten Nerven war die Rede, irgendwelche gelehrten Spekulationen wurden angestellt, kein klares Ergebnis. Man kann doch, selbst wenn es um eine Viertelmillion geht, einen Menschen nicht einfach aufschneiden, um zu sehen, ob ihm etwas fehlt. Wenn wir das versucht hätten, wäre uns die ganze Sache möglicherweise noch teurer zu stehen gekommen.

Melcor war ein ausgezeichneter Schauspieler. Wieso war er nicht gleich nach Hollywood gegangen? Dort wäre ihm eine steile Karriere sicher gewesen. Und wir hätten nicht solche Scherereien mit ihm gehabt.

Der Bursche behauptete ganz einfach, er sei gelähmt. Tage-, ja wochenlang lag er im Krankenhaus und rührte sich nicht vom Fleck. Wer wagt da noch zu sagen, er lüge? Wir versuchten alles, ließen ihn beobachten. Ich persönlich habe eine Krankenschwester bestochen, damit sie ein

Auge auf ihn wirft. Vorübergehend ließen wir sogar eine unsichtbare Filmkamera in seinem Zimmer installieren, damit wir ihn auch dann beobachten konnten, wenn niemand im Raum war. Kein einziges Mal rührte sich auch nur der kleinste Muskel an Paul Melcors Körper.

Die Frage ist also berechtigt, wieso ich dennoch der Meinung war, daß Paul Melcor ein Schwindler war. Beweisen kann ich es nicht. Es war zuerst nur so ein Gefühl, eine instinktive Reaktion, als ich den Mann gesehen hatte. Irgendwie spürte ich bei ihm so etwas wie Freude darüber, daß er von einem Lastwagen verletzt worden war.

Geld hin oder her – ein normaler Mensch freut sich doch nicht über eine Verletzung, geschweige denn über eine Lähmung! Gesundheit geht doch immer vor. Es mußte also etwas nicht in Ordnung sein.

Wie konnte ich sicher sein, daß er sich wirklich insgeheim über den Unfall freute? Da sprach wieder mein Instinkt. Melcor sagte ja nicht lauthals, er sei überglücklich. Er lächelte auch gar nicht oder erzählte Witze. Es war sein Gesicht, das mir nicht gefiel. Er sah etwa so aus wie ein Kanarienvogel, der eine Katze verschluckt hat.

Der einzige, mit dem ich offen darüber sprach, war Dr. Lasater. Lasater arbeitete häufig für unsere Firma; er hatte auch Melcor auf Herz und Nieren überprüft. „Doktor, hören Sie mal, Sie sind jetzt weder auf dem Zeugenstand noch im Amt. Darf ich Sie mal fragen: Ist Melcor wirklich so übel dran, wie er behauptet?"

Lasater war noch jung, ein hervorragender Arzt. Er sagte immer offen, was er dachte. Nun aber äußerte er sich sehr vorsichtig. „Wir können nie ganz sicher sein, Rogan. Sie vergessen eins: Eines der wichtigsten Hilfsmittel des Arztes, der eine Diagnose zu treffen hat, ist immer noch das, was der Patient ihm erzählt. Und von daher gesehen, geht es Melcor schlecht."

„Sie wissen doch, es gibt Gründe für Melcor, nicht die Wahrheit zu sagen", wandte ich ein. „Er ist hinter unserem Geld her."

„Gut möglich. Jedenfalls wäre es für mich einfacher, Ihnen den Nachweis zu liefern, daß jemand krank oder verletzt ist. Viel schwieriger ist es, zu beweisen, daß er gesund ist."

„Könnten Sie zum Beispiel Beweise dafür liefern, daß Melcor gehunfähig ist."

„Nein, das könnte ich nicht. Es hat nicht den Anschein, als habe er sehr schwere Dauerschäden davongetragen. Andererseits kann ich nicht beweisen, daß er gehen kann."

Mehr war aus Lasater nicht herauszuholen. Er hatte mir genau das erzählt, was er vor Gericht aussagen würde. Er hatte keine sicheren medizinischen Befunde dafür, daß Melcor wirklich gelähmt war. Auf der anderen Seite konnte er auch nicht klar sagen, daß er nicht gelähmt war.

Bei diesem Stand der Dinge war der Prozeßverlauf leicht vorauszusagen. Bekanntlich werden ja in vielen Fällen Entscheidungen zugunsten einer Einzelperson und gegen eine Gesellschaft getroffen. Es braucht nur der geringste Zweifel zu bestehen, dann fällt das Urteil meist zugunsten des Verletzten aus. Melcor stritt um eine Viertelmillion; und die würde er auch zugesprochen bekommen.

Es war zum Verzweifeln. Ich mußte Paul Melcor – den Menschen und nicht den Patienten – etwas genauer unter die Lupe nehmen. Auf diese Weise stieß ich auf Gay France.

Als Vertreter – Zäune, Rasenmäher, Werkzeuge, Gärtnereibedarf – verdiente Melcor zwischen hundert und hundertfünfzig Dollar in der Woche. Selbst für einen Alleinstehenden ist das nicht gerade viel.

Was machte er mit dem Geld? Sein Zimmer war äußerst bescheiden. Sein Auto war zwar nicht alt, war aber viel gefahren worden. Er brauchte es beruflich. Ein neues war fällig, er hatte es jedoch noch nicht gekauft. Gekleidet war er recht unauffällig; seine Geldrücklagen waren minimal. Schulden hatte er auch, allerdings unbedeutende.

Wofür sonst konnte er überhaupt Geld ausgeben? Alkohol vielleicht oder eine Frau? Letzteres war wahrscheinlicher. Ich machte mich auf die Suche und fand Gay France.

Bei der Bar, in der sie arbeitete, war sie als unverheiratet geführt. Ich sah mir ihre Personalakte an und stellte als erstes fest, daß sie nicht singen konnte. Man hatte sie wahrscheinlich engagiert, weil sie im Abendkleid so toll aussah. An der Bar begegnete ich ihr, es war nach ihrem Auftritt. Ich stellte mich ihr vor.

„Wir beide haben einen gemeinsamen Freund, Paul Melcor."

„Das mit Paul ist eine schlimme Geschichte", sagte sie und blickte mir tief in die Augen. „Er war so ein netter Kerl."

Ich musterte sie genau, was ihr nichts auszumachen schien. Von ihrem Beruf her war sie es gewohnt. Was ich sah, paßte einfach nicht recht ins Bild. Auch vor dem Unfall war Paul Melcor keineswegs ein hübscher Mann gewesen. Er war klein und schmächtig, hageres Gesicht. Auch mit dem Geld war es nicht weit her. Was sind schon hundert oder hundertfünfzig Dollar pro Woche für eine Frau wie diese? Warum interessierte sie sich bloß für ihn?

„Paul kam abends öfter hierher, stimmt's?" fragte ich.

„Er kam fast jeden Tag."

„Im Krankenhaus waren Sie aber noch nicht, um ihn zu besuchen", schalt ich sie mehr im Scherz.

„Muß ich das tun?" verteidigte sie sich. „Ich arbeite hier und habe wenig Freizeit."

Ich wollte noch ein bißchen weiterbohren. „Paul braucht jetzt menschliche Kontakte. Es geht ihm sehr schlecht. Wollen Sie ihn einfach hängenlassen? Sie wissen doch, wieviel er von Ihnen hält."

„Hat Paul Sie etwa hergeschickt, um mir aufzutragen, daß ich ihn besuchen soll?"

„Nein, nein", sagte ich wahrheitsgemäß.

„Trotzdem. Gehen Sie zu ihm und sagen Sie ihm folgendes: Ich lasse mich von ihm nicht als sein Privateigentum behandeln. Wir haben uns gut verstanden, solange etwas zwischen uns war. Ich habe Paul nie betrogen. Richten Sie ihm aus, daß ich jetzt meine eigenen Wege gehen muß."

Ich versprach ihr, Paul von unserem Gespräch zu berichten. Sie ging zu ihrem nächsten Auftritt auf die Bühne, während ich die Bar verließ.

Ich zog die Bilanz des Gesprächs. Gay France war, wie sie richtig betont hatte, zwar nicht das Privateigentum Melcors gewesen, ein Teilinteresse hatte er aber schon; es ging so weit, wie sein Geldbeutel eben reichte. Da er voller Ehrgeiz war und große Rosinen im Kopf hatte – vor allem was Frauen betraf –, kam er auf die Idee, bei unserer Versicherung abzukassieren. All das war kein Zufall.

Noch etwas war mir klargeworden. Die Blondine war immer noch zu haben. Sie hatte nicht Schluß gemacht mit Melcor, sie wollte lediglich ihre „eigenen Wege" gehen. Wenn Melcor genug Geld haben würde, würde sie sich das Ganze sicher noch mal überlegen. Und er war auf dem besten Weg, eine anständige Summe zu ergattern.

Mehr als ein Verdacht war das zwar nicht. Ich hatte etwas Material gesammelt, das ich meinem Chef vorlegen konnte. Vielleicht überließ er mir den Fall für weitere Nachforschungen. Vor Gericht aber konnten wir das nicht vorbringen.

So nahmen die Dinge ihren Lauf, ohne daß ich hätte eingreifen können. Der Prozeß endete mit einer Niederlage für uns. Hundertachtzigtausend Dollar kostete uns der Spaß.

„Das war glatter Diebstahl", sagte ich zu meinem Chef.

„Richtig, aber was können wir tun, Rogan? Haben Sie eine Idee?"

„Das einzige, was uns übrigbleibt, ist, Melcor nicht aus den Augen zu lassen. Herauszufinden, wie ein Mann, der gelähmt ist, hundertachtzigtausend Dollar ausgeben kann..."

Jetzt wurde die ganze Geschichte erst richtig verrückt. Ich war gespannt gewesen, wie Melcor das ganze Geld verpulvern würde; ich konnte es mir einfach nicht vorstellen. Kommt Zeit, kommt Rat, dachte ich mir. Wir müssen einfach geduldig warten...

Als erstes kündigte Gay France bei der *Oasis*, der Bar, in der sie gearbeitet hatte. Ich schloß messerscharf, daß sie endlich den Mann gefunden hatte, der ihr ein luxuriöses Leben finanzieren konnte. Und der Mann hieß – Paul Melcor! Welche Überraschung!

Es war geradezu absurd und kaum glaublich: Gay France, ehemalige Varietétänzerin und Sängerin in einem Nachtclub, war plötzlich die Pflegerin Melcors geworden. Noch unglaublicher: die beiden heirateten!

Der Bursche war nicht dumm. Es war ihm klar, daß unsere Firma auch nach dem verlorenen Prozeß den Fall nicht sofort vergessen würde. Wenn wir Betrug nachweisen konnten, mußte er das Geld zurückzahlen. Und die Heirat mit Gay France schmeckte eindeutig nach Betrug.

Ich versuchte, mich in Melcors Gedankenwelt zu versetzen und ging davon aus, daß Gay France von Beginn an zu seinem strategischen Plan gehörte. Ihretwegen hatte er das Ganze inszeniert. Folglich mußte er, um den Coup erfolgreich abzuschließen, seiner kleinen Blondine etwas zustecken; sonst hätte sich für sie der Einsatz nicht gelohnt.

Als erstes fand ich heraus, daß Melcor die Wohnung gewechselt hatte und jetzt in einer ziemlich teuren Dreizimmerwohnung lebte. Ein Zimmer war für Gay France reserviert, die seine einzige Pflegeperson war. Das war zuviel des Guten. Ich faßte mir ein Herz und stattete dem glücklichen Paar einen Besuch ab.

Die Blondine war an der Tür. Sie hatte eine blaue Seidenbluse und eine enganliegende gelbe Hose an und sah genauso aus, wie man sich ein Varietégirl zu Hause vorstellt.

Sie führte mich ins Schlafzimmer. Dort lag Melcor in der mir vertrauten Regungslosigkeit. „Das ist der Mann, der sagte, er sei dein Freund", stellte sie mich ihm vor. Natürlich hatte sie ihm von meinem Auftritt in der *Oasis* erzählt.

„Dieser Bursche ist kein Freund von mir", antwortete Melcor aus seinem Kissen heraus. „Rogan, was wollen Sie von mir?"

„Ich wollte mal nachsehen, was Sie mit unserem Geld tun?"

„Für wen arbeiten Sie!"

„Ich mache eine Untersuchung für Ripleys. „Wer's

glaubt, wird selig. Und ich meine, daß mir nicht mal Ripley diese Geschichte abnehmen wird: Schöne Blondine heiratet hilflosen Krüppel. "

„Gay mag mich ohne jeden Hintergedanken. "

„Vom ersten Augenblick an bemerkte ich, daß sie Ähnlichkeit mit Florence Nightingale hat. "

„Sie tun mir wirklich leid – für Sie zählt offenbar nichts außer Geld. "

„Stimmt, ich bin immer mehr zu dieser Auffassung gelangt. "

„Was haben Sie jetzt vor?" wollte er wissen.

„Im Moment eigentlich nichts Besonderes, aber ich habe viel Geduld, Melcor. "

Er schaute mich ziemlich lange an – und ich ihn. Sein Körper wirkte steif und hilflos, obwohl er zugedeckt war. Er hatte ja seine Rolle lange genug üben können.

„Sie wollen mir also keine Ruhe lassen, Rogan. "

„Niemals. "

Wir verstanden einander sehr gut. Ich haßte Melcor schon lange. Er war für mich eine Art Alptraum geworden. Nun sah ich, daß es ihm mit mir genauso erging. Melcor wußte sehr genau, daß ich sein Todfeind war, der einzige Mensch, der noch zwischen ihm, seiner Freude über das Geld und der Blondine stand.

„Ich werde Sie keine Minute lang in Ruhe lassen, Melcor. Ich wußte von Anfang an, daß Sie ein Schwindler sind, und jetzt bin ich noch mehr davon überzeugt. Das, was Sie inszeniert haben, stinkt doch meilenweit nach Betrug. "

„Das Geld ist schon bei mir, was soll's?"

„Okay, aber schöne Blondinen pflegen ihr Leben nicht mit hilflosen Krüppeln zu verbringen."

„Sagen Sie das doch dem Gericht, Rogan."

„Ich werde mich hüten..., noch! Aber vergessen Sie keinen Augenblick: Ich bleibe Ihnen auf den Fersen. Oh, ich weiß, Sie haben es schön gemütlich hier, Sie beide ganz alleine. Wer soll es schon merken, wenn Sie aufstehen und ab und zu mal rausgehen?"

Die Blondine, die hinter mir stand, mußte an dieser Stelle kichern. Aber als Beweis vor Gericht war dieses Kichern auch nicht geeignet, daher ging ich gar nicht darauf ein.

Ich redete weiter. „Sie wissen ganz genau, Melcor, daß Sie nicht ewig so weitermachen können. Es ist zwar angenehm hier oben, aber Sie können sich nicht für alle Zeiten hier einschließen. Und vor allem werden Sie kaum in der Lage sein, Ihre schöne Frau hier einzusperren. Draußen ist was los, und Geld genug ist da, um das Leben genießen zu können. Aber natürlich nur dann, wenn Sie gesund wären und nicht in diesem kleinen Gefängnis bleiben müßten. Sagen sie, Melcor, wie lange glauben Sie, wird Ihre Frau noch Ihre Zellengenossin sein?"

Damit hatte ich offensichtlich einen wunden Punkt getroffen. Für eine Sekunde blitzten Melcors Augen auf, doch dann zeigte er wieder sein hintergründiges, boshaftes Lächeln.

„Ich will Ihnen mal was sagen, Rogan, was ich sonst

niemandem verraten würde. Sie haben recht. Gay und ich könnten durchaus bald von hier weggehen, um die Schönheiten des Lebens, von denen Sie sprachen, zu genießen."

„So? Und wie, wenn ich fragen darf?"

Sein Lächeln wurde noch breiter. „Man kann nie wissen. Vielleicht werde ich wieder gesund..."

Ich hatte Melcor eindeutig unterschätzt. Sein Plan war kühn und gut durchdacht. Es war schon sehr frech gewesen, Gay France zu heiraten. Er hatte damit sein Schicksal herausgefordert – und gewonnen. Meine Gesellschaft hätte unter Umständen die Tatsache dieser Heirat erneut vor Gericht bringen können. Wir entschieden allerdings, es nicht zu tun.

Melcors nächster Zug schlug aber dem Faß den Boden aus. Ich hatte nur zufällig und in allerletzter Minute davon Wind bekommen und eilte sofort in Melcors Wohnung.

Dort ging es drunter und drüber. Die beiden waren offenbar am Ausziehen. Kisten und Koffer standen massenweise herum; vermutlich enthielten die meisten die schönen Gewänder, die Gay France mit dem Geld der Versicherung angeschafft hatte. Auch eine Spezialbahre stand da, und zwei kräftige Burschen hielten sich bereit, um sie zu tragen.

Melcor lag noch im Bett. Er schien fast erfreut, mich wiederzusehen. Er war sehr fixiert auf mich und wollte seinen Triumph so richtig auskosten.

„Ah ja, Sie kommen, um sich von mir zu verabschieden,

Rogan", sagte er fröhlich.

„Dann stimmt also, was ich gehört habe?"

„Daß ich eine Reise mache? Ja, das stimmt."

„Nein, ich meine die..."

„O ja, das stimmt auch, Rogan, Sie haben wohl nicht gewußt, daß ich ein gläubiger Mensch bin?"

„Nein, das wußte weder ich noch sonst jemand."

„Einen Glauben zu haben heißt nicht immer, daß man auch in die Kirche geht. Ich war nie in der Kirche, ich glaube nicht an so was. Aber tief in meinem Innersten bin ich sehr fromm."

„Fromm? Sie glauben wohl an Wunder?"

„Genau, Rogan, das ist mein Glaube. Ich werde das Heiligtum in Camafeo aufsuchen, und dort werde ich geheilt werden."

Die Gesellschaft war damit einverstanden, daß ich Melcor hinterherfuhr. Mein Chef war inzwischen genauso gespannt wie ich, wie sich der Fall Melcor entwickeln würde.

„Ich hab zwar keine Ahnung, Rogan, wie das Gericht ein Wunder bewerten wird", sagte er zu mir, „wir können aber unmöglich zusehen und Melcor gewähren lassen."

Bestimmt wäre ich auf eigene Faust gefahren, hätte mein Chef es nicht erlaubt. Ich hatte den gleichen Flug gebucht wie Melcor. Ihm machte das nichts aus, im Gegenteil. Er freute sich darauf, daß ich dabei war, wenn er den endgültigen Sieg davontragen würde.

Camafeo ist kein allzu bekannter Pilgerort. Melcor

wollte kein großes Aufsehen erregen. Der Flugplatz, auf dem wir landeten, war gut hundert Meilen von Camafeo entfernt. Ein gemieteter Krankenwagen stand bereit. Melcor wurde hineinverfrachtet, die Blondine saß vorne neben dem Fahrer. Ich mietete rasch ein Auto und fuhr hinterher.

An einem Donnerstagnachmittag kamen wir in das Städtchen. Es war längst nicht so viel los wie an anderen Orten dieser Art. Das einzige Hotel war voll besetzt mit Kranken und mit Krüppeln aller Art, mindestens fünfzig an der Zahl.

Gay France mußte sich in dieser Umgebung vorkommen wie ein Clown bei einer Beerdigung. Ihre Kleidung hatte sie wohl auf Betreiben Melcors dem Anlaß entsprechend ausgewählt. Ihre ganze Persönlichkeit zu verändern, das konnte ihr trotz allem nicht gelingen. Sie trug Schwarz, aber eng anliegend, und sie ging einher, wie sie es schon immer gewohnt war. Melcor hatte ein Hotelzimmer vorbestellt und wurde hinaufgetragen. Seine Frau ging mit. Ich streifte durch das Städtchen und überlegte hin und her, wie ich Melcors Pläne durchkreuzen konnte.

Camafeo ist eigentlich nur ein Dorf. Die meisten Häuser sind alt; man fühlt sich fast ins Mittelalter versetzt. Einige Gebäude wie zum Beispiel das Hotel waren hastig und in schlechtem Stil errichtet worden, um Pilger aufzunehmen. Das Dorf liegt am Fuß eines kleinen Berges. Auf halber Höhe sah ich die Pilgerkirche, einen bescheidenen Bau aus Naturstein.

148

Auf dem Weg hinauf begegneten mir immer wieder Menschen, die auf Bahren getragen wurden. Rollstuhlfahrer wurden hinaufgeschoben; Behinderte, die allein waren, gingen an Krücken. Das alles bot einen wenig erfreulichen Anblick. Dennoch herrschte keine Atmosphäre der Niedergeschlagenheit. Vielmehr lag Spannung in der Luft; keine Fröhlichkeit zwar, jedoch hoffnungsfrohe Stimmung. Der Glaube, den Paul Melcor zu haben behauptete, zeigte seine mobilisierenden Kräfte.

Beim Gedanken an Melcor überkam mich die kalte Wut. Durch sein Vorhaben wurde nicht nur unsere Firma geprellt, es war zudem ein Hohn auf diese armen Menschen, die aus ehrlicher Glaubensüberzeugung gekommen waren. Melcor würde natürlich behaupten, er sei geheilt worden. Damit würde er viele ehrliche leidende Menschen täuschen... Ich mußte ihm unbedingt einen Strich durch die Rechnung machen.

Ich war sehr aufgewühlt, als ich in der Wallfahrtskirche oben ankam. Die Dämmerung brach bereits herein. Hunderte von Kerzen erleuchteten den Kirchenraum. Auf den Stufen des Altars stand ein dunkelhaariger Mann im schwarzen Priestergewand. Er begrüßte mich mit ausgestreckter Hand.

Er fragte sich bestimmt, was mich bewogen hatte, in die Kirche zu kommen. Ich sah weder krank noch fromm aus. Wir unterhielten uns ein paar Minuten. Die Sonne ging währenddessen unter, und Dunkelheit schlich den Berg herauf. Er stellte sich als Pater Conti vor.

149

„Ich hänge nicht Ihrem Glauben an, Pater", sagte ich zu ihm, „aber ich interessiere mich sehr für diesen Platz. Sagen Sie mir bitte, was sich hier abspielen wird."

„Sie möchten wissen, was die Kranken tun?"

„Ja, ich meine die Leute, die hier durch ein Wunder gesund werden wollen."

„Die meiste Zeit über beten sie, zum einen spezielle Gebete, zum Teil sind es die altbekannten, normalen Gebete. Sie beten die Jungfrau Maria an, denn Camafeo wurde deswegen Wallfahrtsort, weil vor vielen Jahren hier die Jungfrau Maria erschienen ist. Von daher wissen wir, daß es eine heilige Stätte ist, die von Gott ihren Segen erhalten hat."

„Die Menschen beten, weil sie gesund werden wollen?"

„Ja."

„Und was ist das Resultat? Werden Sie tatsächlich gesund?"

„Das Gebet bringt immer Hilfe. Nicht nur kranke Körper, auch kranke Seelen pilgern hier herauf. Mein Glaube sagt mir, daß die Seelen immer gereinigt und geheilt werden."

„Und die körperlichen Leiden?"

„Manchmal. Einer von einigen hundert. An den Wänden unserer Kirche sehen Sie viele Krücken hängen, die von ihren Besitzern nicht mehr benötigt wurden und daher hier blieben. Gott verspricht keinem, der heraufkommt, daß er geheilt werden wird, wenn er betet. Er folgt ganz allein Seinem Willen."

150

„Es hat aber schon Wunder gegeben hier, oder?"

„Natürlich, schon oft."

Der Pater bat mich, ins Innere der Kirche zu kommen. Da hingen tatsächlich die Krücken, von denen er mir erzählt hatte. Ich konnte sie gar nicht alle zählen. Vor dem Altar brannten noch mehr Kerzen.

Viele waren schon da und beteten. Nur wenige konnten dabei knien. Jeder flehte Gott an, er möge ihn erhören und heilen.

Melcor wollte morgen kommen. Er unterschied sich von allen anderen dadurch, daß er ein ganz konkretes Ziel im Auge hatte.

Zurück im Städtchen ging ich in ein kleines Restaurant. Etwas zu trinken gab man mir nicht; im ganzen Ort war Alkoholverbot. Auch im Geschäft gab es keinen Wein zu kaufen. Stundenlang mußte ich über mein Problem grübeln und konnte kaum einschlafen. Ich hatte ziemlich finstere Gedanken, die für so einen heiligen Ort wirklich nicht passend waren.

Inzwischen war mir klar, daß Melcor von A bis Z alles durchgeplant hatte. Daß er verunglückte, das konnte er als einziges nicht planen. Danach hatte er alles sorgfältig arrangiert. Ein Betrug folgte dem andern, erst im Krankenhaus, dann im Gerichtssaal und jetzt hier. In der Kirche wollte er ein Wunder simulieren.

Wenn er wieder gehen konnte, wollte er sich mit seiner Frau ein schönes Leben machen. Gay war natürlich eingeweiht. Jede Wette, daß diese Frau innerhalb eines

Jahres Melcors ganzes Vermögen durchbringen würde.

Es sei denn, jemand stiehlt ihm die Schau. Das konnte nicht mit legalen Methoden gemacht werden. Also überlegte ich mir die illegalen Möglichkeiten. Es war bestimmt schon drei oder vier Uhr, als ich endlich einschlief, ohne daß ich eine Lösung gefunden hatte. So gegen halb sechs wurde ich wach – im Hotel war es sehr laut geworden. Der Grund: Die Leute bereiteten sich auf den Gang zur Frühmesse vor. Ich zog mich rasch an und mischte mich unter die kranken Pilger.

Melcor entdeckte ich mitten unter der Menge. Er hatte zwei stramme Burschen als Träger angeheuert; es gab viele Einheimische, die für solche Dienste bereitstanden. Gay France ging an seiner Seite und versuchte sich ein ernstes und unauffälliges Aussehen zu geben. Über ihre blonden Locken hatte sie ein schwarzes Tuch gelegt.

„Guten Morgen, Rogan", schrie mir Melcor zu. „Auch zum Gottesdienst? Wußte gar nicht, daß Sie so religiös sind!"

„Ich bin etwa genauso religiös wie Sie, Melcor."

„Und wofür werden Sie beten, Rogan?"

„Ich sehe mir das Ganze nur an."

„Es wird bestimmt etwas Interessantes für Sie zu sehen geben", war sein letztes Wort.

Dann ging es den Berg hinauf. In einer langen Prozession folgte ein Pilger auf den andern. Pater Conti ging an der Spitze; wir kamen ziemlich weit hinten. Überall hörte man Gebete.

Melcor betete mit, seine Blondine tat es ihm nach. Ich konnte genau hören, wie sie die Gebete murmelten. Es machte mich rasend – am liebsten hätte ich beide erdrosselt.

Mein Ziel war, es Melcor so schwer wie möglich zu machen bei seinem simulierten Wunder. Ich selbst war Augenzeuge, wenn es soweit war. Außerdem standen andere herum, deren Aussagen ich zu Protokoll nehmen würde. Überdies hatte ich noch eine Kamera und jede Menge Filmmaterial dabei. Melcor mußte heute besonders gut spielen, wenn er die Wunder-Show abzog. Aber hatte er sich nicht längst als ausgezeichneter Schauspieler erwiesen?

Der Aufstieg zur Kapelle dauerte über eine Stunde. Als wir oben ankamen, waren das Kirchlein und der Vorraum bereits überfüllt. Wir stellten uns neben dem Kircheneingang auf. Melcors Träger setzten die Bahre ab und entfernten sich ein wenig von uns. Aus der Kirche kam Weihrauchduft, die Glocken läuteten. Die Messe hatte begonnen.

„Wird es heute morgen geschehen?" fragte ich Melcor.

„Warum nicht?" erwiderte er. „Es gibt keinen Grund, warum ich meine und dieser Leute Zeit verschwenden soll. Ich könnte auch eine Woche, einen Monat oder noch länger bleiben. Viele tun das. Aber warum sollte das Wunder nicht schon gleich am ersten Tag geschehen? Gay und ich können dann zurückfahren und endlich so leben, wie wir es schon lange wünschen."

153

„Sie haben das also von langer Hand vorbereitet. Diesen Ort hatten Sie auch schon lange ins Auge gefaßt, stimmt's?"

„Genauso ist es, Rogan."

„Dann geben Sie also zu, uns die ganze Zeit belogen und betrogen zu haben?"

Einen Augenblick lang schien er mit der Antwort zu zögern, schließlich begann er doch zu reden. Sein Wunsch, vor mir zu prahlen, war doch zu groß. „Vor Gericht werde ich es niemals zugeben, aber Ihnen sag ich's. Ich habe tatsächlich die ganze Zeit über gelogen."

„Ist Ihnen klar, daß das unrechtmäßig gehandelt war, daß Sie praktisch einen Diebstahl begangen haben?"

„Machen Sie's halblang, Rogan. Ihre Versicherung besitzt doch Millionen! Die paar Tausender von mir fallen doch gar nicht ins Gewicht. Schließlich habe ich mir das Geld sauer verdient, Rogan. Liegen Sie mal monatelang ruhig da und bewegen sich keinen Zentimeter vom Fleck. Jetzt kann ich es Ihnen ja sagen, als ich im Krankenhaus lag, trainierte ich jede Nacht meine Muskeln. Nur so konnte ich den völligen Muskelschwund verhindern. Aber trotz allem ging es mir ziemlich dreckig, als der Prozeß endlich anfing."

„Und als Sie dann heirateten, da wurde es etwas einfacher für Sie, nehme ich an." Hätte ich doch ein Tonbandgerät mitgenommen, dann hätte ich das Geständnis schon in der Tasche. Ich ärgerte mich über mich selbst. Aber wer hätte gedacht, daß er ausgerechnet hier auspackt!

„Ja, Sie haben recht, nach der Heirat wurde es viel leichter. Gay ist ja ein solcher Engel, Rogan. Sie mußte mir das Gehen wieder beibringen, ich hatte es ganz verlernt. Rasieren konnte ich mich nicht mehr, allein essen auch nicht, alles war weg. Jetzt bin ich wieder fit. Ich könnte jetzt sofort aufstehen und zum Hotel zurückgehen."

„Soweit wird es gleich sein, wenn endlich das Wunder geschehen ist, oder?"

Er konnte seinen Triumph nicht mehr für sich behalten. „Rogan, sehen Sie jetzt endlich ein, daß Sie das Spiel verloren haben? Beglückwünschen Sie mich doch! Begraben wir unseren Streit, los!"

Ich hörte, wie in der Kirche Gebete gesungen wurden. Gläubige Menschen flehten ihren Gott an. Und hier draußen prahlte ein Scharlatan, ein Betrüger, der jetzt seine Schau abziehen wollte.

„Der Teufel soll Sie holen, Melcor."

„Ach, Sie armes Würstchen, Rogan."

„Los, stehen Sie endlich auf und gehen Sie zu diesen armen Menschen hin und erklären ihnen, wie ein Wunder aussieht."

Das brachte ihn auf eine Idee. Er blickte kurz seine blonde Frau an, dann mich. „Also gut, wir können es auch hier gleich machen", sagte er. „Mir geht dieses abergläubische Theater sowieso langsam auf die Nerven. Schauen Sie genau hin, Rogan! Vor Ihren Augen – das Wunder! Abrakadabra..."

Es geschah gar nichts, er rührte sich nicht vom Fleck.

„Was ist los? Stehen Sie doch auf, Melcor, dann kann ich Sie endlich verprügeln."

Immer noch bewegte er sich nicht. An seinem Hals spannten sich die Muskeln, schon trat der Schweiß auf sein Gesicht, obwohl es ziemlich kühl war.

„Sie haben wohl Angst vor mir, was? Stehen Sie doch auf!"

„Es geht nicht, Rogan", stammelte er. „So wahr mir Gott helfe, ich kann mich nicht mehr bewegen... Ich kann mich nicht bewegen..."

Das war also das Ende der Geschichte. Paul Melcor und ich hatten eine Auseinandersetzung gehabt, bei der es um viel Geld ging. Er gewann sie. Er durfte das Geld behalten. Darüber gibt es jetzt keinen Streit mehr.

Und Gay France? Keine Ahnung, was aus ihr geworden ist. Nur so viel: Sie ließ Melcor bald im Stich – genauso wie ich es vorhergesagt hatte. Keine blonde Schönheit wird ihr Leben mit einem hilflosen Krüppel teilen wollen.

Was sich sonst noch an Wundern ereignete im Heiligtum von Camafeo, davon weiß ich nichts. Von *einem* Wunder allerdings weiß ich ganz sicher. Krücken blieben dabei keine zurück, denn dieses Wunder ereignete sich sozusagen in umgekehrter Richtung. Wer sagt, daß es nicht auch solche Wunder geben kann?

Falschspieler

Oakes, der Hoteldetektiv, erblickte das Mädchen genau in dem Moment, als es sich neben Willis Hartley an der Bar niederließ. Eine attraktive, schlanke Rothaarige im kurzen weißen Kleid, das sich gut gegen ihre sonnengebräunten Arme und Schultern abhob.

Oakes nickte zufrieden. Dieses Mädchen war eine Schönheit. Es würde ihr ein leichtes sein, jeden beliebigen Mann davon zu überzeugen, daß sie „sauber" ist.

Fünf Jahre lang hatte er bei der Sittenpolizei seine Erfahrungen sammeln können, vier Jahre arbeitete er nun schon im Hotel. Daher genügte ihm ein Blick, um zu wissen, daß sie ein Lockvogel war. Sie war auf reiche, unvorsichtige Männer angesetzt. Ihr Ziel war, sie bis aufs Hemd auszunehmen.

Oakes beobachtete das Mädchen. An der Bar war wenig los. Am hinteren Ende saß ein jungverheiratetes Pärchen; die beiden hatten die Köpfe zusammengesteckt und unterhielten sich leise. Daneben saßen drei Herren, die an einer

Tagung im Hotel teilnahmen, und dann kam Hartley, der Millionär. Und neben ihm, mit einem kleinen Abstand dazwischen, das Mädchen. Kein Zweifel, sie hatte es auf ihn abgesehen.

Oakes hatte sich auf seinen Beobachtungsposten gesetzt und wartete gespannt, wie es weitergehen würde. Zuerst bestellte das Mädchen. Der Barkeeper stellte einen Untersatz fürs Glas auf die Bartheke und sah dabei, wie Oakes ihn anblickte und ihn mit einer Geste auf das Mädchen aufmerksam machte.

Jimmy schien überrascht, schaute sie sich genau an, beugte sich dann etwas verlegen zu ihr herüber und sagte etwas zu ihr.

Sie war zuerst ganz sprachlos, fing dann aber laut zu schimpfen an. Alles blickte zu ihr herüber. „Ich denke nicht daran, Ihnen meinen Führerschein zu zeigen. Sie wissen ganz genau, daß ich alt genug bin, um hier etwas zu trinken."

Jimmy war es peinlich, daß sie eine solche Szene machte. „Bitte, Miss, verstehen sie doch, wir dürfen an Jugendliche keinen Alkohol ausschenken. Es richtet sich nicht gegen Ihre Person. Ich tue nichts weiter als meine Pflicht."

„Stellen Sie sich nicht so an! Sie sehen doch, daß ich keine Jugendliche mehr bin. Ich werde mich hüten, Ihnen mein Alter zu verraten." Sie wurde immer wütender.

Einer der drei Tagungsteilnehmer, die den Streit verfolgt hatten, griff jetzt ein: „Nun geben Sie doch der Dame endlich was zu trinken. Sie ist bestimmt alt genug. Seien Sie doch nicht so stur."

Jimmy lachte. Er und stur! „Guter Mann, ich bin hier ein ganz einfacher Angestellter. Sie wissen, wie schwer es ist, solche Jobs zu bekommen." Er wandte sich wieder dem Mädchen zu. „Bitte zeigen Sie mir jetzt Ihren Führerschein oder irgend etwas anderes, aus dem Ihr Alter hervorgeht."

Willis Hartley wandte sich ihr zu und schaute sie interessiert an.

Sie holte aus ihrer Handtasche ein Ledermäppchen hervor, kramte nach ihrem Führerschein und zeigte ihn Jimmy. Der schaute nur kurz drauf und gab ihn gleich wieder zurück. „Die Hausordnung verlangt es, Miss Bates", sagte er entschuldigend.

Miss Bates nickte leicht, sie war ganz still geworden. Jimmy brachte ihr den Drink, zog sich dann zurück und trocknete Gläser ab.

Miss Bates hatte im Nu ihr Glas geleert; sie blickte stur geradeaus in den Spiegel über der Bar und brach plötzlich in Tränen aus; rasch fischte sie nach ein paar Taschentüchern in ihrer Tasche.

Oakes hätte am liebsten laut gelacht. Sie spielte wirklich ausgezeichnet. Sie hätte bestimmt am Broadway eine Theaterkarriere machen können, so gut spielte sie.

Hartley erhob sich und ging langsam zu ihr. Er setzte sich auf den Barhocker neben sie.

Oakes schüttelte den Kopf und seufzte. Ein naiver

Mensch mehr, der ihr auf den Leim gegangen war. Irgendwann war es nun seine Pflicht, Willis Hartley darauf aufmerksam zu machen, daß er es mit einem Lockvogel zu tun hatte, der ihm Geld abknöpfen wollte. Er mußte nur den richtigen Zeitpunkt für seine Enthüllung finden. Er war ja ein wichtiger Mann und gehörte vielleicht zu denen, die meinen, ihr Reichtum und ihre Macht mache sie unverwundbar. Solche Leute lassen sich ungern sagen, sie seien naive Trottel.

Willis Hartley war um die Fünfzig. Sein Anzug war von bester Qualität, seine Schuhe hatten mindestens sechzig Dollar gekostet. Man brauchte sich nicht zu wundern, daß er alle Arten von Gaunern auf den Plan rief. Auf solche Burschen wie ihn mußte man höllisch aufpassen. Sollte ihnen etwas zustoßen, wäre es schlimm für das Hotel.

Hartley unterhielt sich nun in aller Ruhe mit dem Mädchen. Miss Bates war der Polizei noch nie aufgefallen, das hätte Oakes gewußt; dennoch war er sicher, daß sie es auf Hartley abgesehen hatte.

Oakes konnte ein paar Gesprächsfetzen aufschnappen, die von leisem Schluchzen unterbrochen wurden. „Mein Verlobter sollte hierherkommen... Ich weiß nicht, was mit ihm los ist... Er hat nicht angerufen, und ich habe ihn nicht erreicht. Ich bin so ratlos, ich weiß nicht, was ich tun soll... Morgen früh reise ich schon ab."

„Tut mir sehr leid für Sie", sagte Hartley. „Hier ist es so gemütlich. Kann ich irgend etwas für Sie tun?"

Darauf brach Miss Bates wieder in Tränen aus. Sie

schneuzte sich und eilte zur Damentoilette.

Oakes stand auf, denn jetzt war wohl die günstigste Gelegenheit, um Hartley mit den nackten Tatsachen zu konfrontieren. Er ging zu ihm hinüber, stellte sich vor und fragte ihn: „Kann ich offen mit Ihnen sprechen, Mr. Hartley?"

„Gewiß doch, gleich hier am besten."

„Mr. Hartley, ich hoffe, Sie verstehen mich nicht falsch."

„Wieso, was gibt es denn?"

„Das Mädchen, mit dem Sie sich gerade unterhalten haben, ist schon seit drei Tagen hier, allein wohlgemerkt. In diesem Fall, Mr. Hartley, gehen wir im Hotel davon aus, daß eine alleinstehende Dame möglicherweise den anderen Hotelgästen Unannehmlichkeiten bringen könnte, möglicherweise, wie gesagt."

„Für mich war sie gar nicht unangenehm", erwiderte Hartley kurz angebunden. „Machen Sie sich keine weiteren Gedanken."

Oakes zwang sich zu einem leichten Lächeln. Bei prominenten Personen wie Hartley konnte man nie genau wissen, wann sie sich beleidigt fühlten. Er war zum erstenmal im Hotel abgestiegen und hatte gleich die Luxus-Suite sowie den besten Tisch im Restaurant bekommen. Wenn er zufrieden war, würde sich das geschäftlich positiv auswirken. Alle im Hotel strengten sich mächtig an, um es ihm so angenehm wie möglich zu machen.

Oakes wurde sehr ernst. „Wie ich sehe, wollen Sie es

nicht glauben, daß das Mädchen Sie hereinlegen könnte. So weit, so gut. Ich möchte nur betonen, daß ich aufgrund meiner Erfahrung eine gute Menschenkenntnis besitze, und die sagt mir: Dieses Mädchen führt etwas im Schilde, und es wäre uns äußerst unangenehm, wenn jemand Schaden erleiden würde, Mr. Hartley."

„Wirklich interessant, was Sie da sagen! Glauben Sie im Ernst, daß ein bloßer Blick auf das Mädchen genügt, um solche Verdächtigungen zu rechtfertigen?"

„Der Meinung bin ich allerdings." Oakes blieb hart.

Hartley wurde nachdenklich. Er blickte in sein Glas, dann meinte er, an Oakes gewandt: „Das Mädchen hat sich mir gar nicht genähert, ich bin zu ihr hingegangen, als ich bemerkte, daß sie weinte."

„So war es", sagte Oakes. „Ich habe es gesehen. Vielleicht gehörten die Tränen zu ihrem Plan."

„Sie haben mich also beobachtet." Hartley wurde ärgerlich.

„Ja, aber nicht nur Sie allein. Ich verfolge alles, was hier vor sich geht. Das ist meine Aufgabe, Mr. Hartley. Wenn man das Hotelleben einige Jahre mitgemacht und viele Menschen kennengelernt hat, dann kann man die Falschspieler leicht ausmachen."

„Und Sie sind tatsächlich der Meinung, daß das Mädchen mit falschen Karten spielt?"

„Ich bin absolut sicher, Mr. Hartley."

„Sie machen mich richtig neugierig, Mr. Oakes. Wie kommen Sie dazu, dieses Mädchen so einzuschätzen?"

„Mit der Zeit entwickelt man eine Art sechsten Sinn für
so etwas."

Hartley lachte verlegen. „Und das auf den ersten Blick.
Sie wissen doch nicht das geringste über dieses Mädchen.
Was glauben Sie denn, was sie mit mir vorhat?"

„Bei einem solchen Mädchen kann man das nie wissen.
Manche probieren es mit einer kleinen Erpressung. Sie
haben ja gesehen, wie widerwillig sie Auskunft über ihr
Alter gab. Sie sieht sehr jung aus. Es ist ein ganz einfacher
Trick. Das Mädchen behauptet hinterher, sie habe keine
Ahnung davon gehabt, was da passieren würde. Vielleicht
sagt sie sogar, man habe sie betrunken gemacht. Ach, ich
kenne sie doch, die sind mit allen Wassern gewaschen! Sie
könnte ihr zerrissenes Kleid vorzeigen und einfach
behaupten, Sie hätten das getan. Sie könnte sagen, sie sei
noch minderjährig, und so weiter."

Hartley wurde wieder nachdenklich. „Nur ein Punkt,
Mr. Oakes: Sie hat nachgewiesen, daß sie nicht minderjäh-
rig ist, und das entzieht Ihrer schmutzigen Theorie den
Boden, oder nicht?"

„In diesem Fall haben Sie recht. Für Sie könnte sie eine
andere Überraschung auf Lager haben."

„Es gefällt mir nicht, wie Sie über das Mädchen reden
und wie Sie mit mir umgehen. Ich bin schließlich kein
Dummkopf. Außerdem bin ich empört über die Dreistig-
keit, mit der der Barkeeper Miss Bates ausgefragt und in
Verlegenheit gebracht hat. Fast vermute ich, daß Sie Angst
haben, Miss Bates könnte ihre Rechnung nicht bezahlen."

Oakes wurde still.

„Dachte ich mir doch", meinte Hartley selbstbewußt. „Richten Sie bitte aus, daß man sich darüber keine Sorgen zu machen braucht. Ich werde die Rechnung bezahlen."

„Selbstverständlich, Mr. Hartley. Dürfte ich Sie bitten, dem Management gegenüber Diskretion zu bewahren, was unser Gespräch betrifft." Dabei machte Oakes eine beschwörende Geste. „War wohl ein Fehler von mir – entschuldigen Sie."

„Nicht so schlimm, vergessen wir die Sache. Ich bin schließlich in die Bar gekommen, um alles Unangenehme und auch die geschäftlichen Zwänge einmal hinter mir zu lassen."

Unter mehrmaligem „danke schön" entfernte sich Oakes. Das Mädchen hatte ihn bereits ausgetrickst; jetzt brauchte sie bloß dranzubleiben und den Angelhaken auszuwerfen. Hartley war verloren. Man hätte ihm alles mögliche von dem Mädchen erzählen können – geglaubt hätte er gar nichts. Miss Bates sah unschuldig aus, war schön und gutgebaut und konnte nach Bedarf Tränen produzieren. Bei dieser Kombination hatte Willis Hartley natürlich keine Chance. Es war ein Witz, daß es in der Regel gerade die hartgesottenen Geschäftsmänner waren, die in so eine Falle tappten.

Als Oakes wieder seinen Beobachtungsposten eingenommen hatte, kam ein Anruf für ihn. Eine aufgebrachte junge Lehrerin behauptete, ihre Armbanduhr sei gestohlen worden, als sie aus dem Zimmer war. Oakes fand die

Uhr nach kurzer Suche; sie war ihr hinter den Nachttisch gefallen. Sie bedankte sich herzlich bei ihm.

„Gern geschehen, Miss", erwiderte Oakes. „Das ist nun mal unsere Arbeit. Sie können mich jederzeit anrufen. Wir möchten Ihnen Ihren Aufenthalt so angenehm wie möglich machen."

Mit dem Lift fuhr er hinunter. In seinem kleinen Zimmer ging er unter die Dusche, rasierte sich und ruhte sich auf seinem Bett etwas aus. Also, Oakes, da hast du es! Das Mädchen knöpft sich Hartley vor; ein so hochkarätiger Mann wird einen schönen Aufstand machen, wenn es soweit ist. Schon jetzt war er sauer und wollte, daß du deine Finger aus dem Spiel läßt – und wenn du das machst, dann wird es für alle Beteiligten ein böses Ende geben. Also, Oakes, was ist zu tun? Du mußt sie auf jeden Fall im Auge behalten. Aber du hast ihn vor dem Mädchen gewarnt. Wenn er meint, er könne das in den Wind schlagen, dann muß er dafür geradestehen.

Oakes zog sich wieder an und ging ins Restaurant hinunter. Dort saßen Hartley und Miss Bates an einem Tisch. Wenig später gingen sie ins Cocktailzimmer, wo er sie besser beobachten konnte. Sie setzten sich in eine Ecke und schäkerten miteinander.

Oakes bestellte bei Jimmy ein Bier. „Sie werden es nie lernen", sagte Jimmy mit Blick auf die beiden. „Sie wird ihn nach Strich und Faden ausnehmen. Schau nur, wie sie miteinander kokettieren."

„Ich darf sie nicht aus den Augen verlieren", meinte

Oakes nur und trank sein Bier aus. „Jimmy, kannst du mir einen Gefallen tun?"

Jimmy lächelte verständig. „Klar. Ich ruf dich an, sobald sie weggehen."

Oakes ging auf sein Zimmer und sah sich im Fernsehen eine Sportsendung und den Beginn eines Spätfilms an. Um Mitternacht läutete das Telefon. Es war Jimmy.

„Sie sind gerade weg und schwankten in Richtung Lift. Ich bin sicher, sie sind oben."

„Bestimmt – danke dir!" Er legte auf und blieb noch eine halbe Stunde vorm Fernseher sitzen; dann ging er zur Hartley aufs Zimmer.

Im Korridor prüfte er nach beiden Seiten, ob ihn jemand beobachtete. Niemand weit und breit! Dann preßte er das Ohr an die Tür zu Hartleys Suite. Es war mäuschenstill. Mit einem Spezialschlüssel öffnete er die Tür und trat ein.

Hartley lag ausgestreckt auf dem Bett und schlief. Sein Mund war geöffnet, er schnarchte. Das Chloralhydrat mußte genau zum richtigen Zeitpunkt in seinen Drink geschüttet worden sein. Kaum im Zimmer, war er schon im Reich der Träume...

Die Tür zur Toilette stand offen, Oakes konnte gerade noch die Fußsohlen des Mädchens sehen. Dann ging er näher zu ihr hin. Sie lag angezogen auf dem Rücken, das Gesicht verzerrt und blau angelaufen, ihre Augen waren geschlossen.

Oakes stieg über das Mädchen und holte ein Glas kaltes

Wasser. Dann ging er zu Hartley zurück und schüttete es ihm ins Gesicht. Hartley atmete schwer durch und wachte auf. Er richtete sich im Bett auf, war völlig desorientiert. Da sah er Oakes. „Was fällt Ihnen ein, wie kommen Sie hier herein?" Er sprang aus dem Bett. „Was ist hier vorgefallen?" fragte er erregt und deutete entsetzt auf die zerbrochene Lampe und den umgeworfenen Sessel.

„Jemand hat angerufen und sich über den Lärm in Ihrem Zimmer beschwert. Ich kam herauf und fand Sie und das Mädchen." Oakes zeigte auf die Toilette. „Sie ist tot. Ich glaube, man hat sie vergiftet."

Fassungslos stand Hartley da, er verstand die Welt nicht mehr. Dann ging er zur Toilette und sah das Mädchen liegen. Am ganzen Leib zitternd und aschfahl im Gesicht kam er heraus.

Oakes griff zum Telefon. „Wir müssen es der Polizei melden. Sie setzen sich am besten hin, Sie sehen krank aus."

„Moment, Moment", sagte Hartley schnell. „Legen Sie den Hörer auf. Das hat Zeit."

Oakes legte den Hörer auf die Gabel zurück.

„Ich habe sie nicht einmal angerührt", beteuerte Hartley erregt. „Ich habe keine Ahnung, was passiert ist! Das einzige, woran ich mich erinnern kann, sind die wahnsinnigen Kopfschmerzen. Ich habe mich für einen Moment hingelegt. Was dann folgte, weiß ich nicht."

„Das können Sie alles nachher der Polizei erzählen, Mr. Hartley. Ich glaube nicht, daß man ausgerechnet Sie für den Tod dieses Mädchens verantwortlich machen wird. Es könnte ein bißchen Presserummel geben, wenn es nach außen dringt; selbst das kann man unter Umständen verhindern. Irgendwann wird kein Mensch mehr davon sprechen."

Hartley sah Oakes beschwörend an. „Hier sind tausend Dollar, wenn Sie sie hier rausschaffen und aus dem Hotel bringen. Bringen Sie sie bloß weg!"

Oakes ließ einige Zeit verstreichen, bevor er antwortete. „Wir sollten nicht unrealistisch sein, Mr. Hartley. Ich muß sie hier wegbringen, ohne daß es jemand sieht. Dann muß ich sie an einen Ort schaffen, an dem sie von niemandem gefunden wird. Sie verlangen viel von mir; ich soll Ihretwegen Gesetze brechen und Kopf und Kragen riskieren."

„Ich habe sie nicht angerührt", wiederholte Hartley und beschwor seine Unschuld erneut.

„Es kann doch sein, daß Sie sich im Moment nur nicht erinnern können", gab Oakes zu bedenken. „Zehntausend – und Sie verlassen diesen Ort, als wäre nichts geschehen. Sie können die ganze Geschichte vergessen, und niemand wird etwas davon erfahren."

Hartley war sofort einverstanden. „Im Hotelsafe ist das Geld. Ich hole es gleich."

„Schön... Ich komme mit."

Zusammen holen sie das Geld. Auf dem Rückweg zum Zimmer erhielt Oakes die zehntausend. Hartley wartete im Zimmer, bis Oakes mit einem Wäschewagen herein-

fuhr, das Mädchen hineinlegte und es mit ein paar Bettü-
chern zudeckte. Zwanzig Minuten, nachdem er hinausge-
fahren war, hatte Hartley bereits fluchtartig das Hotel
verlassen.

Ungefähr zur selben Zeit trafen sich in einem anderen
Teil des Hotels Oakes, Jimmy, der Barkeeper, und Miss
Bates. Sie teilten die Beute untereinander auf.

Jimmy packte grinsend seine Geldscheine zusammen
und steckte sie in die Tasche. „Es klappt jedesmal. Das
Entscheidende ist immer die Annäherung. Wenn der Typ
darauf hereinfällt, hat er keine Chance."

Miss Bates rieb sich mit einer Hautcreme die blaue
Farbe aus dem Gesicht und schaute sich im Spiegel an.
„Hoffentlich verdirbt mir dieses Zeug nicht meine Haut."

„Keine Angst, da passiert nichts", meinte Oakes. „Die
anderen Mädchen haben auch nie Probleme damit gehabt."

Der Fenstersturz

Mit geübter Hand holte Thaddeus Conway eine Flasche seines selbstgebrannten Whiskys aus dem Regal hervor. Sie stand hinter dem Formaldehyd-Behälter: es war echter Pennsylvania-Roggenwhisky. Thaddeus entkorkte die halbleere Flasche und setzte zu einem kräftigen Schluck an. Zweimal hüpfte der Adamsapfel an seinem dürren Hals auf und ab. Kräftig durchatmend murmelte er anerkennend vor sich hin: „Wunderbar, er wird immer besser..."

Da setzte in der Ferne ein vierstimmiges Glockenspiel ein. Die Melodie klang ganz nach „Oh, wie trocken bin ich" – zumindest Thaddeus verstand es so.

„Soll ich es holen, Thad?" fragte eine Männerstimme durch die halbgeöffnete Tür des Raumes, in dem die Leichname präpariert wurden.

„Danke, John, ich komme schon." Er stellte die Flasche an ihren angestammten Platz auf dem Regal zurück, ließ ein Glas kaltes Wasser vollaufen und nahm ein paar

Schluck, um den Whiskygeschmack in seinem Mund wegzuspülen. Grauenhaft, dieses Wasser! Dann schaute er noch in den Spiegel über dem Waschbecken und stellte fest, daß seine Nase fast ebenso rot war wie die Nelke in seinem Revers.

Es war ganz schön kühl auf dem Friedhof heute morgen, dachte er noch. Schlechtes Begräbniswetter jedenfalls, wenn es in diesem Geschäft überhaupt gutes Wetter geben konnte.

Von ferne hörte er wieder das Glockenspiel mit Gesang: „Oh, wie trocken bin ich." Das paßte gut zu Thaddeus. Wie es sich in seinem Beruf gehört, schlich er mit nüchternem Gesicht in seinen schwarzen Lederschuhen an die Arbeit.

Am großen Eingangstor aus gebeizter Eiche stand eine kleine, schmale Frau in mittleren Jahren. Im Gegensatz zu den meisten Menschen, die das Bestattungsinstitut F. X. Conway und Sohn aufsuchten, machte diese Frau keinen tieftraurigen Eindruck. Ihre Miene war keineswegs sorgenvoll, eher munter, fast geschäftsmäßig. An ihrer Kleidung fiel Thaddeus auf, daß sie zwar elegant und geschmackvoll war, sehr teure Stücke waren nicht darunter, auch beim Schmuck nicht.

„Mein Name ist Thaddeus Conway", ließ sich Thaddeus mit einschmeichelnder Stimme vernehmen. „Würden Sie bitte hereinkommen, gnädige Frau."

„Vielen Dank. Ich heiße Cora Peddington und brauche dringend Ihre Hilfe."

„Stehe ganz zu Ihren Diensten, gnädige Frau. Bitte folgen Sie mir hier lang."

Cora Peddigton ging mit ihm zum Statistikraum – ein Name, den sein verstorbener Vater erfunden hatte. Thaddeus bot ihr einen großen Ohrensessel an, in dem sie halb zu versinken schien. Sein Vater hatte die Theorie vertreten, daß jeder, der in diesem Sessel saß, nicht umhin konnte, die Wahrheit zu sagen.

„Darf ich Ihnen eine Tasse Kaffee anbieten oder vielleicht Tee?" Bei solchen Anlässen versucht er den Tonfall seines Vaters nachzuahmen, obwohl er ihm eigentlich zuwider war.

„Ja, gerne, bitte Tee", antwortete sie.

„Mit oder ohne, Mrs. Peddington? Habe ich Ihren Namen richtig verstanden?"

„Ja. Mit Zitrone und ohne Milch."

Thaddeus drückte einen weißen Knopf an der Wand, und im Nebenraum war ein Summton zu vernehmen. John wußte nun, daß er den Einbalsamierungsapparat in Gang setzen und Teewasser aufstellen mußte.

„Haben Sie etwas dagegen, wenn ich rauche", fragte Mrs. Peddington.

„Gewiß nicht, bitte schön!"

„Nicht, solange ich in diesem Sessel sitze. Würden Sie mir bitte helfen aufzustehen! Ich setze mich lieber auf den Holzstuhl am Fenster."

Thaddeus hielt ihr seine Hand hin und half ihr aus dem Sessel. Diese Frau wäre imstande gewesen und hätte selbst

seinen Vater noch ausgetrickst. Er gab ihr Feuer und
stellte einen Aschenbecher neben sie. Er selbst machte es
sich im Drehstuhl an seinem Schreibtisch bequem und
blickte sie freundlich an.

„Können wir jetzt mit meinem Problem beginnen?"
fragte Mrs. Peddington.

„Bitte, ich bin ganz Ohr." Thaddeus drehte sich leicht
nach rechts und holte gelbes Schreibpapier aus einer
Schublade.

„Ich bin auf der Suche nach einem billigen Leichenbestatter", fing sie an.

Aus seiner Jackentasche zog Thaddeus einen Kugelschreiber hervor. Leichenbestatter! Er haßte dieses Wort.
Und dann auch noch billig! Trotzdem zwang er sich zu
einem höflichen Lächeln.

„Wir haben die verschiedensten Angebote, gnädige Frau.
Lassen Sie mich das vorwegschicken."

„Das hört man gern. Einige ihrer Konkurrenten, wenn ich
das sagen darf, sind da nicht so flexibel."

Thaddeus hätte dringend einen Drink gebraucht. „Sie
haben also früher schon mit anderen Instituten zu tun
gehabt, wenn ich Sie richtig verstehe?"

„Früher? Heute morgen habe ich mit ihnen verhandelt."

„Entschuldigen Sie bitte, ich verstehe noch immer nicht,
worum es eigentlich geht."

„Das ist ganz einfach, Mr. Conway. Ich muß meine
Ausgaben radikal beschneiden und daher die Preise aushandeln."

Preise aushandeln? Dieser Ausdruck war ihm in seinem Beruf noch nie begegnet. Sein Vater hätte an dieser Stelle garantiert die Fassung verloren. „Den Preis aushandeln? Gut, warum nicht, das ist natürlich möglich."

„Ich freue mich sehr, daß Sie Verständnis für mich haben; die andern reagierten nicht so freundlich."

„Das müssen Sie verstehen, Mrs. Peddington. Auch unter uns gibt es progressiv eingestellte Leute und solche, die anders denken. Ich schlage vor, daß wir jetzt noch nicht über die Kosten sprechen. Zunächst benötige ich ein paar Angaben von Ihnen: die Lebensdaten des Verstorbenen und so weiter. Für den Nachruf und auch für die Statistik brauchen wir das."

„Gut, einverstanden."

„Gehe ich recht in der Annahme, daß es sich um... äh... Mr. Peddington, Ihren Mann also, handelt?"

„So ist es, Mr. Conway. Ich habe doch tatsächlich vergessen, ihn zu erwähnen", sagte sie mit bedauerndem Lächeln.

„Ihr Mann hat uns also verlassen?"

Mrs. Peddington war sichtlich erstaunt über diesen Ausdruck.

„Uns verlassen?"

„Nun ja! Das ist ein gängiges Wort bei uns."

„Ach so, jetzt verstehe ich, was Sie meinen! Ja, so könnte man sagen; er hat uns verlassen."

Thaddeus legte den Kugelschreiber aus der Hand und sprach die folgenden Worte in etwas feierlichem Ton:

„Gestatten Sie, daß ich Ihnen mein aufrichtiges Beileid ausspreche, gnädige Frau. Für Sie ist es ein Augenblick, der..." Er wurde immer leiser und murmelte schließlich nur noch vor sich hin, denn der verblüffte Gesichtsausdruck von Mrs. Peddington irritierte ihn. Im Gegensatz zu seinem verstorbenen Vater kam Thaddeus oft Zweifel an der Bedeutung seiner Arbeit. So auch jetzt: Vielleicht wäre er als Barkeeper oder als Kassierer in einem Supermarkt viel gücklicher geworden als hier im Beerdigungsinstitut... „Wie dem auch sei", sagte er schließlich trocken, „vielleicht sagen Sie mir den vollen Namen ihres Ehemannes."

„Adam L. Peddington."

„Alter?"

„Einundfünfzig."

„Wohnhaft?"

„Briarwood Gardens Nummer 11."

Thaddeus wußte, daß die Straße in einem Viertel mit Luxuswohnungen lag. Wer dort wohnte, der hatte es garantiert nicht nötig, um eine billige Beerdigung zu feilschen. Es sei denn, die Peddingtons waren ein Hausmeisterehepaar.

„Beruf?"

„Adam ist Rechnungsprüfer – pardon – *war* Rechnungsprüfer bei der Firma Videlectronics."

Diese Angabe ließ ihren Wunsch, zu sparen, um so rätselhafter erscheinen. Videlectronics war eine große Firma, die noch dazu auf Expansionskurs war. Der Rechnungsprüfer dort war bestimmt ein wohlhabender Mann. Thaddeus verzichtete darauf, diesen Punkt weiterzuverfolgen, und machte mit dem nächsten Teil des Fragebogens weiter. „Ist er sehr plötzlich verschieden, Mrs. Peddington, oder litt er an einer schweren Krankheit?"

„Nein, es ging ziemlich plötzlich, wirklich." Sie mußte dabei fast lächeln; der Gedanke gefiel ihr. „Es ging sogar bestürzend schnell."

„Oft ist das für beide Teile das Beste. Können Sie mir ein paar Einzelheiten schildern?"

Mrs. Peddington drückte ihre Zigarette aus. „Aus dem Fenster", sagte sie lediglich.

„Heute noch unter uns und morgen schon vergangen", sagte Thaddeus salbungsvoll. Dann schien ihm erst bewußt zu werden, was sie mit dem Fenster meinte. „Habe ich Sie recht verstanden, Mrs. Peddington fiel aus dem Fenster?"

„Ja genau, aus dem Fenster unseres Wohnzimmers."

„O mein Gott, wie ist das passiert?"

„Das Fenster geht auf einen kleinen Balkon hinaus; doch diesen Balkon hatte man wegen Reparaturarbeiten für ein paar Tage abgenommen. Die Befestigungen waren nämlich verrostet."

„Du liebe Zeit!"

„Es war einfach zu gefährlich geworden. Daher nahm man ihn so lange ab, bis der neue Balkon angebracht wurde. Leider habe ich schlicht vergessen, es meinem Mann zu sagen. Er war in letzter Zeit kaum zu Hause.

Ausgerechnet heute morgen wollte er auf dem Balkon die kühle, frische Morgenluft schnappen, wie er sagte..."

„Stimmt, es war ziemlich kühl heute morgen", pflichtete ihr Thaddeus bei.

„Und bevor ich merkte, was das bedeutete, stieß er das Fenster auf und ging hinaus..."

„Und er war sofort tot?"

„Sofort. Unsere Wohnung liegt im obersten Stock, im zehnten."

John kam mit einem Silbertablett herein und stellte es wortlos auf ein Tischchen neben den Schreibtisch. Thaddeus war froh um die Pause, die dadurch entstand. Er schenkte seinem Gast Tee und sich Kaffee ein. Er nahm die Tasse und sog zufrieden den Duft ihres Inhalts ein: Das süßliche Whiskyaroma mischte sich vorzüglich mit dem dampfenden schwarzen Kaffee. Auf John war Verlaß.

Er wandte sich nun ganz vom Fragebogen ab und unterhielt sich mit Mrs. Peddington.

Dabei erfuhr er einiges über die Familienverhältnisse der Peddingtons. Sie waren seit zwanzig Jahren verheiratet und hatten keine Kinder. Zur Familie gehörte lediglich noch eine Schwester von Mrs. Peddington, die in Kanada lebte, sowie ein paar Neffen, die er jedoch nie gesehen hatte.

„Zwanzig Jahre haben Sie also gemeinsam verbracht", fuhr Thaddeus pathetisch fort. „Viele von uns bringen es nicht so weit... Zwanzig gemeinsame Jahre, da bleibt eine Menge Erinnerungen zurück." Er stellte seine Tasse auf das Tablett und fragte sich, ob wohl der Whisky ihm die Zunge etwas gelöst hatte.

„Adam lebt nur – Pardon! – lebte nur für seine Arbeit", meinte Mrs. Peddington. „Ich will da ganz offen mit Ihnen sprechen. Zwanzig Jahre lang habe ich mit einer Arbeitsmaschine zusammengelebt, weiter war da nichts."

Thaddeus griff zur Tasse und nahm einen kräftigen Schluck.

„Nachdem wir geheiratet hatten, sparten wir jeden Pfennig, damit er seine Abendkurse machen konnte. Dann war er Buchhalter, und wir sparten auf ein Haus. Wir kauften eines, und gleich darauf verkauften wir es wieder mit Gewinn. Wir kauften davon Grundstücke und legten unser Geld auch in Aktien an. So etwas wie eine Hochzeitsreise gab es für uns nicht."

„Für mich auch nicht", warf Thaddeus ein. Aber er war ja nicht einmal verheiratet.

„Ich trauere ihm nicht nach – das wäre einfach geheuchelt, Mr. Conway. Wir hatten uns in den letzten Jahren sehr voneinander entfernt. Nach jeder Beförderung in der Firma wurde die Kluft zwischen uns noch größer. Außerdem bevorzugte er immer mehr jüngere Frauen."

„Ein Problem, dem wir oft begegnen. Geschäftlicher Erfolg bietet noch keine Gewähr für wirkliches Glück. Das ist auch ein Punkt, an dem ich Widersprüche in Ihrer Schilderung entdecke, gnädige Frau."

„Was für Widersprüche?"

„Mr. Peddington hatte doch eine schöne Karriere

gemacht. Da müßte eigentlich genug Geld da sein, wenn ich ehrlich bin."

„Natürlich ist Geld da. Wieviel weiß ich nicht, da sich Adam nie in seine Finanzen blicken ließ. Er war bestimmt ein ziemlich reicher Mann."

„Und Sie als seine Witwe unternehmen alles, nur um sein Begräbnis möglichst billig zu gestalten. Das verstehe ich nicht. Ich bin ja auch kein Freund von Extravaganzen, aber..."

„Mir bleibt keine andere Wahl. Ich muß sparen und nochmals sparen."

„Aber Sie erben doch das ganze Geld."

„Nicht jetzt. Mein Mann sagte mir immer, wie sehr er reiche Witwen verabscheue. Er hatte die Idee, daß man als Witwe erst mal eine Periode der Reinigung durchmachen müsse. Damit meinte er, daß ich zwischen seinem Tod und dem Antritt des Erbes ausschließlich von den Erlösen aus seiner Lebensversicherung zu leben habe. Das ist ein Zeitraum von zwei Jahren."

„Die Lebensversicherung, aha", sagte Thaddeus. Das paßte schon eher in sein Metier.

„Das ist es also."

„Das glauben Sie doch nicht im Ernst!"

„Eine Lebensversicherung wird doch sofort ausbezahlt."

„Stimmt, aber im Testament heißt es, daß ich keine anderen Einnahmequellen haben darf außer der Lebensversicherung. Ich darf auch kein Geld leihen. Betteln wäre erlaubt, auch eventuelle Rücklagen könnte ich verbrauchen. Verpfänden allerdings darf ich nichts, auch nicht das bißchen Schmuck, das ich habe."

„Wirklich ein außergewöhnliches Dokument", war der Kommentar von Thaddeus. „Und was passiert, wenn Sie sich einfach nicht daran halten?"

„Dann tritt folgendes ein: Ich bekomme nur ein Zehntel des Vermögens, der Rest fällt an seine Schwester und ihre Kinder."

„Wie hoch war die Lebensversicherung?"

„Sie hat einen Nennwert von zweitausend Dollar, verteilt auf zwei Jahre." Thaddeus rechnete rasch nach. „Gute Frau, das sind gerade zwanzig Dollar in der Woche."

„Natürlich. Adam hatte alles gut durchgerechnet und mir erklärt, daß er zu der Zeit, als wir heirateten, zweitausend im Jahr verdiente und wir gut davon leben und sogar etwas auf die Seite legen konnten."

„Damals waren die Lebenshaltungskosten aber viel niedriger."

„Auch die Begräbniskosten."

„Zweitausend Dollar! Das ist einfach lächerlich, gnädige Frau. Da müssen Sie Sozialhilfe in Anspruch nehmen."

„Fünfhundert Dollar habe ich noch auf einem geheimen Sparkonto. Davon weiß... äh... ich meine... hat er nichts gewußt.

„In Ihrem Fall zählt jeder einzelne Dollar."

Dann kommt noch hinzu, daß die Lebensversicherung bei Unfall mit Todesfolge die doppelte Summe, also viertausend, ausschüttet, fuhr Mrs. Peddigton geschäftsmäßig fort. Ich nehme doch an, daß es ein Unfall ist, wenn jemand auf einen nicht vorhandenen Balkon treten möchte und aus dem zehnten Stock fällt."

„Doch, doch, da bin ich ganz sicher", erwiderte Thaddeus.

Mrs. Peddington öffnete ihre Handtasche und nahm ein kleines Notizbuch heraus. „Können wir jetzt über die Grundgebühren sprechen?"

Thaddeus stieß einen kleinen Seufzer aus und nickte kurz.

„Zunächst, Mrs. Peddington, sind bei fast allen gewaltsamen Todesfällen gewisse kosmetische Arbeiten erforderlich, damit die Gesichtszüge des Verstorbenen dem tatsächlichen Aussehen vor seinem Tode entsprechen..."

„Nein, das brauchen wir nicht." Mrs. Peddington machte eine knappe Notiz in ihr Büchlein.

„Verstehe, Sie möchten die Totenfeier bei geschlossenem Sarg vornehmen lassen.

„Sarg? Nicht nötig."

„Was haben Sie sich denn dann vorgestellt?"

„Ich denke, ein einfacher Korb tut's auch. Haben Sie welche mit Deckel?"

„Ja."

„Gut."

„Was ist mit dem Totengewand? Werden Sie selbst eines bereitstellen oder sollen wir dafür Sorge tragen?"

„Kann man ihn denn nicht einfach so lassen, wie er ist?"

„Diesen Fall hatten wir allerdings noch nicht. Das ist höchst ungewöhnlich, glauben Sie mir. Die Kleidung, die er bei seinem unglücklichen Sturz trug, ist wahrscheinlich zerknüllt, wenn nicht gar zerrissen."

„Sie haben sicher recht, doch niemand soll irgendwelche irdischen Güter besitzen. Wir lassen ihm das, was er anhatte. Adam hätte sich bestimmt über unsere sparsamen Methoden gefreut; er war gegen jede Art von Verschwendung."

„Meinen Sie wirklich? Als nächstes kommt das Grab. Wo soll es liegen? Oder wurde Ihnen schon ein Platz zugeteilt?"

„Wir verbrennen ihn", war Mrs. Peddigtons Antwort auf die Frage nach der Grabstätte. „Adam wäre ein Grundstück dafür zu schade gewesen."

Es war etwa eine Stunde später, als Thaddeus hinter den Behälter mit Formaldehyd griff, um seine Flasche hervorzuholen. Dabei sagte er zu John: „Heute nachmittag werden wir wohl eine Leiche abholen müssen."

„John fragte aus dem Präparierungsraum heraus: „In der Stadt?"

„Ja, aber ich weiß nicht genau, wo."

„Kopfsprung in die Tiefe?"

„John, ich will nicht bösartig werden, aber ich glaube, sie hat ihn geschubst."

„Die kleine Lady da bei dir?"

„Ja, die." Thaddeus befeuchtete seinen Hals mit dem Roggenwhisky; diesmal hatte er fast die Gewißheit, daß er den falschen Beruf hatte. „Klein, aber oho! Das kannst du mir glauben, John. Denkt wie eine Maschine. Lebte zwanzig Jahre mit einem tollen Buchhaltertypen, einem Geizkragen, wie er im Buche steht. Gott habe ihn selig. Brachte ihr bei, wie man Pfennige klaut."

„Können wir ihn nicht gleich holen, Thad? Ich bin mit dem hier gerade fertig."

„Wir müssen abwarten, bis sie anruft, John."

„Was heißt das nun wieder?"

„Wenn wir das günstigste Angebot..." Thaddeus schüttelte langsam und ernst den Kopf, als hätte er Mitleid mit sich selbst, dem pflichterfüllten Sohn von F. X. Conway. „Wenn wir das günstigste Angebot haben, bekommen wir die Leiche, John. Die kleine Lady ist heimgefahren, um die vier Angebote zu vergleichen, die sie eingeholt hat. Ihr Mann kann stolz auf sie sein."

„F. X. würde sich im Grab umdrehen, wenn er das sehen würde."

„Amen", murmelte Thaddeus und stellte die Flasche nur widerwillig auf ihren Platz im Regal zurück.

Der Nachmittag war ruhig. Thaddeus trank Bier und saß vor dem Fernseher. John fuhr flüchtig mit dem Staubsauger durch die Räume. Es war schon fast sechs Uhr, als sie von weitem die Sirene eines Ambulanzwagens hörten. Der schrille Ton kam immer näher. John ging zum Fenster und sah hinaus. Da fuhr bereits der Ambulanzwagen der Polizei in die Einfahrt des Bestattungsinstituts.

„Da wir kein Krankenhaus sind, nehme ich an, daß Mrs.

Peddington uns ihre Leiche vermachen möchte."

„Seit wann macht die Polizei bei diesem Geschäft solchen Wind?" meinte John und ging zum Eingang.

„Wirklich unnormal", wunderte sich auch Thaddeus.

Nachdem die sterblichen Überreste von Adam L. Peddington in einem groben Leinensack in den Präparierungsraum gebracht waren, lud Thaddeus den Fahrer der Ambulanz und seinen Helfer zu einem Drink ein. Sie kamen gern herein. Eine neue Flasche wurde entkorkt, sogar Gläser und Eis stellte Thaddeus bereit.

Man prostete einander zu, und Thaddeus bedankte sich bei den beiden: „Ich finde es sehr nett von Ihnen, daß Sie die Leiche aus dem Leichenhaus geholt haben."

„Leichenhaus?" rief der Fahrer ganz erstaunt. „Von der Straße haben wir sie aufgelesen!"

„Sobald der Leichenbeschauer seine Zustimmung gegeben hatte", ergänzte der Ambulanzhelfer.

„Wollen Sie damit sagen, daß die Stadt den Toten einen ganzen Tag lang auf der Straße hat liegen lassen?"

„Einen ganzen Tag, wie kommen Sie denn darauf?" wurde der Fahrer ungeduldig. „Der Bursche fiel vor knapp einer Stunde aus einem Fenster im zehnten Stock." Er schaute auf die Uhr. „Die Polizei war da, kaum daß er aufgeprallt war, wir nicht viel später. Der Leichenbeschauer kam gleich mit dem Arzt, ganz so, als hätten sie bloß auf diesen Einsatz gewartet. Stimmt's Moe?"

„Stimmt, der Stoff hier ist gut – bin froh, daß wir hierher sind."

Der Fahrer redete weiter. „Die ganze Untersuchung dauerte kaum länger als eine knappe Stunde. Moe und ich hatten den Sack gerade fertiggemacht und wollten ihn zum Leichenhaus fahren, da kam die Frau mit dem Leichenbeschauer und gab uns die Order, ihn hierher zu fahren und uns eine Empfangsbescheinigung geben zu lassen."

„Eine Empfangsbescheinigung", murmelte Thaddeus vor sich hin, setzte sich und schrieb. Er wollte lässig „Oh, wie trocken bin ich" pfeifen, aber seine Lippen waren tatsächlich zu trocken.

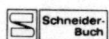

© 1983 by Franz Schneider Verlag GmbH & Co. KG
München – Wien – Hollywood/Florida USA
Titel der amerikanischen Originalausgabe:
DOWN BY THE OLD BLOODSTREAM
© 1971 by H. S. D. Publications, Inc.
erschienen bei Dell Publishing Co., Inc., New York
Übersetzung Dieter Vogel
Umschlaggestaltung Regina Bürger unter Verwendung
einer Illustration von Herbert Horn
Redaktion Sibylle Tietz
ISBN 3 505 08338 0
Bestellnummer 8338
Weitere spannende Bücher von Alfred Hitchcock
sind in Vorbereitung

Spannende Krimis von Alfred Hitchcock:

HABE ICH		WÜNSCHE ICH MIR
	Es ist hingerichtet (Krimi-Knüller Band 1)	
	Nicht die kleinste Spur (Krimi-Knüller Band 2)	
	Augenfarbe: giftgrün (Krimi-Knüller Band 3)	
	Ein teuflischer Drink (Krimi-Knüller Band 4)	
	Ein Hauch von Gift (Krimi-Knüller Band 5)	
	Einspruch, Euer Ehren (Krimi-Knüller Band 6)	
	Irren ist mörderisch (Krimi-Knüller Band 7)	
	Als Taschenbuch:	
	Heiße Kriminalgeschichten	
	Band 1: **Ein todsicheres Alibi** (Nr. 303)	
	Band 2: **In der Schlinge** (Nr. 315)	
	Band 3: **Nur ein bißchen Arsen** (Nr. 316)	
	Band 4: **Ein Gentleman in Schwierigkeiten** (Nr. 327)	
	Band 5: **Gute Zeugen sterben aus** (Nr. 346)	
	Band 6: **Ein Wort zuviel kann tödlich sein** (Nr. 347)	
	Als Sammelband:	
	Heiße Kriminalgeschichten	
	Schlaflose Nächte	
	Gift hat keine Kalorien	

Deine Wunschliste bitte hier ausschneiden.

ALFRED HITCHCOCK

Heiße Kriminalgeschichten – Sammelband

Nichts für schwache Nerven!
Jeder echte Krimi-Fan weiß es – Alfred Hitchcocks Krimis sind die besten. Sein Name bürgt für Spannung von der ersten bis zur letzten Seite.
Für diesen SchneiderBuch-Sammelband hat Alfred Hitchcock dreiundzwanzig der besten und unheimlichsten Kriminalstories ausgewählt. Achtung – diese Stories haben es in sich!

**Schneider-
Buch**

PATRICIA
WENTWORTH

Verhängnisvolle
Diamanten

Das funkelnde Diamantenhalsband der Königin Marie
Antoinette besitzt eine große Anziehungskraft. Aber nicht nur
für die schöne reiche Erbin Moira. Auch zwei verdächtige
Gestalten sind hinter den kostbaren Diamanten her. Miss
Silver, die scharfsinnige, sympathische Detektivin, hat bald
einen schrecklichen Verdacht ...
Ein Fall für Miss Silver — die strickende alte Dame mit der
verblüffenden Kombinationsgabe.

Das Besondere dieses Buches:
Als Nachfolgerin von Agatha Christie sorgt Patricia Wentworth
auch in diesem Band wieder für atemberaubende
Spannung. Miss Silver besitzt Menschenkenntnis und einen
scharfen Verstand — so löst sie auch den mysteriösesten
Fall.

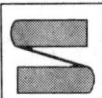 ## Schneider-
Buch

MARA KAY

Blasser Mond
über Astrowo

Im alten Gutshaus und seinem romantischen Park
geschehen seltsame, unerklärliche Dinge. Im Park
rufen Stimmen, hasten Schatten vorbei;
unsichtbare Gestalten mit raschelnden Röcken
und klappernden Absätzen eilen über die Treppen
des alten Hauses. Die hübsche junge Marguerite
spürt: ein dunkles Geheimnis liegt über dem
Gutshaus. Und eines Tages steigen flüsternd und
drohend die Schatten der Vergangenheit wieder
auf ...

Das Besondere dieses Buches:
Spannung von der ersten bis zur letzten Seite, gemischt mit
viel Romantik und Poesie, zeichnen diesen historischen
Roman vor dem Hintergrund des Rußlands um 1820 aus.

Schneider-
Buch